—— 作者 ——

理查德 · J. 克里斯普

英国阿斯顿商学院心理学教授，英国社会科学院院士、英国心理学会会员、《应用社会心理学杂志》主编。他在牛津大学学习期间与社会心理学结缘，在此后二十多年的研究历程中发表了上百篇关于社会行为心理的文章，出版了多部相关著作，并由此获得英国心理学会的斯皮尔曼奖。

A VERY SHORT
INTRODUCTION

SOCIAL PSYCHOLOGY

社会心理学

［英国］理查德·J. 克里斯普 著
裴正薇 译

译林出版社

图书在版编目（CIP）数据

社会心理学/（英）理查德 · J. 克里斯普（Richard J. Crisp）著；裴正薇译.
—南京：译林出版社，2024.1(2024.10重印)
（译林通识课）
书名原文：Social Psychology: A Very Short Introduction
ISBN 978-7-5447-9956-0

Ⅰ.①社…　Ⅱ.①理… ②裴…　Ⅲ.①社会心理学　Ⅳ.①C912.6-0

中国国家版本馆 CIP 数据核字（2023）第 216981 号

社会心理学　［英国］理查德 · J. 克里斯普 ／著　裴正薇 ／译

责任编辑　陈　锐
装帧设计　孙逸桐
校　　对　王　敏
责任印制　董　虎

原文出版　Oxford University Press, 2015
出版发行　译林出版社
地　　址　南京市湖南路 1 号 A 楼
邮　　箱　yilin@yilin.com
网　　址　www.yilin.com
市场热线　025-86633278
排　　版　南京展望文化发展有限公司
印　　刷　南京新世纪联盟印务有限公司
开　　本　850 毫米 ×1168 毫米　1/32
印　　张　3.875
插　　页　4
版　　次　2024 年 1 月第 1 版
印　　次　2024 年 10 月第 2 次印刷
书　　号　ISBN 978-7-5447-9956-0
定　　价　59.00 元

序 言

张建新

近些年来，各大出版社都相继出版了不少社会心理学的译著和编著。琳琅满目的著作极大丰富了我国社会心理学教学、研究与科普宣传的参考资源。当然，这也给读者带来了些许选择困难：应该选择哪一本用作教科书，哪一本当作参考读物呢？从外观上看，这些书的厚薄和开本大小彼此相差不小：有的书大开本，还很厚；有的书开本小，也很薄。显然，大多数读者都不会仅仅参照书的外观而做出抉择的。做出选择前，读者一定会翻开这些著作，首先去浏览它们的目录。但当你发现，这些书的内容目录在前后顺序和大致结构上其实也相差无几时，你的抉择就会变得愈发困难。当然，最后时刻，只能做出下面两种选择之一：一是干脆多买几本，相互对照着读；二是买厚不买薄。后一种选择暗含的假设是，厚书内容的叙述会更为细致与详实，其引述的文献会更为众多和新近。

因此，基于以上日常经验，当我收到译林出版社的邀请，为他们即将出版的《社会心理学》读本写个小序时，着实很有些犹豫。特别是在翻看该书的目录后，我当时的感觉是，在众多社会心理学的书籍中，该书的出版只不过是又增加了一本几无差异的著作而已。但鉴于本系列丛书一贯具有的良好口碑，我就迫使自己耐下心，翻读了该书的前两章内容。然而，翻读的结果却令我有些意外、有些惊喜，使之前出现的无差别感一扫而光。因此，我便一口气通读了这本不算厚的译著。意外和欣喜的理由可总结为两点：译著的翻译质量，以及原著作者对社会心理学知识体系的整全把握和特色叙述，都令我印象深刻。

尽管本书是通识读本，但绝非是作者个人的心灵鸡汤式感悟。它毕竟是一本社会心理学著作，它所描述的是一门实验科学的知识和成果，要十分讲究知识的普遍性。而科学著作的翻译首先要求译者做到准确与通顺，以成就“信”和“达”，容不得译者为刻意求“雅”而信马由缰，太过个人浓重的情绪色彩。以上述标准加以考量，本书译者就做到了“信”和“达”，而且做到了上乘水准。本书原著的内容并不高深隐晦，但要把它翻译得连贯通顺，像一个讲故事能手那般娓娓道来，让听者（读者）能够听懂且入情入理入味，却非易事。至于译者是否在“信”与“达”之上做到了“雅”，那就还请各位读者自己加以判断吧。

本书最大的特点在于作者对社会心理学知识的全面而深刻的理解，对讲述社会心理学研究成果的整体而贯通的叙事。心理学知识源远流长，各有脉络，自成一体，派别林立。因此，若总括观之，它就显得有些凌乱庞杂，远不如物理学那样逻辑地进步、整体地扩张，最终形成一个由公理和定理组成的严密科学知识体系。因此，心理学教科书的叙事方式，大多是将在学科知识的发展历史上曾经产生过重要影响的某个门派理论及其实验验证结果，分门别类地累积在一起，从而构成一个前后内容彼此关联性不很明显、逻辑贯通性不很突出的知识堆集。社会心理学范畴虽然没有一般心理学那样的广泛，但其知识体系也难免不给初学者留下“片段和跳跃”的印象。造成如此这般的结果，社会心理学教科书难辞其咎。其主因恐怕就在于，著作者头脑中的社会心理学还没有串联贯通起来，没能化成为一体的知识。然而，本书虽然不是大部头，但作者试图将社会心理学知识融会贯通起来的意图却十分明显。而且，在你通读完全书之后，就会知道，作者在这一方向上做出的努力是成功的。社会心理学的各种理论和实验成果在本书的叙述过程中不再是孤瓦碎片式的存在，而是转化融合成为一种描述“社会中生存之人”的整体而专业的知识体系，像一件被粘连在一起、露出真容的宝物。

本书第一章非常简略地叙述了社会心理学的发展历史。作者没有就社会心理学论社会心理学的发展，而是跳出领域的边界限制，从学科外部社会历史环境的推动力与学科内部行为主义和认知主义的拉动力，对社会心理学之所以发展成如今的样貌作了一个很好的总结。一方面，社会心理学不是凭空产生的，资本主义导致的物质产品的繁荣丰富，让人们开始思考人本身的群体特性；而第二次世界大战又让人们思考人本身如何异化为物质产品和技术发展的奴隶。人们对于解释和解决时代现实问题的需要，极大地促进了社会心理学的诞生和发展。正如作者所说：“随着技术以前所未有的速度向前发展，明白人类如何在合作、调解和冲突中相互联系变得极其重要。因此，社会心理学的进步必须紧跟工程学与物理科学的脚步，否则，我们制造冲突的能力将迅速超越我们和平共处的能力。……两次世界大战为许多研究提供了灵感，这些研究造就了今天的社会心理学领域。”（第5页）另一方面，社会心理学之所以被认为是一门科学，就在于它一直以来都严格遵循着行为主义以及后来的认知主义建立的科学范式；但是，对于认知革命以来心理学在解释“社会存在之人”上存在的缺陷和不足，人们所进行的关于情景的反思和科学探索，则更是塑造社会心理学的内部动力。

第二章尤其是本书的核心章节。社会心理的关键要素是社会认知。社会认知涉及我们如何编码、分析、存储和使用有关我们所遇之人和相互关系的信息，涉及我们一旦与人交流便会自然启动的心理过程。因此，它是构成社会心理学知识内容的基础。按照作者形象的描述，社会认知无非是由“朴素科学家”和“认知吝啬鬼”两部分构成。“科学家”是冷思维与慢思维的符号，而“吝啬鬼”则是热思维与快思维的符号。这不禁让人想起诺贝尔经济学奖获得者丹尼尔·卡尼曼，他是一位进行决策研究的心理学家，曾出版过一本大部头《思考，快与慢》的著作，该书详尽地解释了社会认知过程及其对人们决策的影响作用。经济学中的理性人假说也是社会心理学的起源之一。从某种角度讲，社会心理学的发展的一路，就是使用科学的方法为“经济学理性人”不断地贴上“非理性社会人”色彩的过程。本书作者正是把握住了社会认知这一社会心理学的核心内容，从而能够具有说服力地将社会心理学累积的各种知识内容贯连、融通起来的。

因此，我很愿意向读者推荐这本《社会心理学》。开卷有益，这不仅是讲给社会心理学的初学者们听的，也是讲给已经很有社会心理学教学和研究经验的老师和学者们听的。初学者会因读了此书而省却很多摸索探寻的过程，从业者会因读了此书而能够将过去摸索探寻获得的经验化作一种顿悟。总之，大家都会因读了此书而一起说道：社会心理学原来如此呀！

目　录

第一章

皆关乎我们自己

通常认为，科学是对物质世界的探索，即原子、分子和材料是如何相互作用来决定我们命运的。不过，对社会科学家而言，理解我们如何生活、工作、与他人共处和理解物质世界同等重要。正是这个“社会世界”定义了我们是谁，获得了什么，又留下了什么。

社会心理学研究的是社会世界，以及出现在我们日常生活中的各色人等。它研究社会、文化和环境如何形塑我们的态度、行为和信仰；研究我们如何认识自己，自我认知如何与人际关系紧密相连；研究家庭、邻居、同事、爱人、敌人、政治家、肥皂剧明星、体育明星和陌生人，不一而足。总之，社会心理学关乎我们自己，这构成了本书的全部内容。

接下来，我会讲述社会心理学的故事：它的历史、关键时刻和主要理论。我将呈现迄今为止该学科的经典研究，谈论主要的思想家，以及他们的个人经历如何促使其理解人与人之间、人与社会之间的关联。此外，我还会讨论那些开创性研究，它们使社会心理学成为当代最重要、最迷人的学科之一。从态度到吸引力，从偏见到说服，从健康到幸福，社会心理学能为改变世界并帮助解决21世纪的决定性问题提供洞见。

那么，就让我们从学科的简明历史与形成开始吧。

早期年代

从亚里士多德的古代哲学，到马克思、恩格尔等经济学家的著作，再到涂尔干的社会学理论，理解人类社会的本质一直是学界的不懈追求。但是，直到大约19世纪中叶，我们今天所了解的社会心理学方才形成。当时，哲学家、社会学家、人类学家和其他学科的学者开始发问：个人的希望、抱负与能力是如何形塑人际关系的？个人是如何影响群体、组织和全社会的？社会又是怎样反过来影响个人想法、感受，并最终影响其行为的？由此而生的各派思想自然交融，形成了社会心理学。

人们普遍认为，法国社会学家、人类学家、发明家和物理学家古斯塔夫·勒庞首先创立了真正意义上的社会心理学命题。在1885年所著的《乌合之众：大众心理研究》一书中，勒庞提出了"从众心理"的概念，以一种启迪式的、全新的方式思考人类行为。他认为，人们区分善恶的能力并非固定不变。相反，由于他人在场，我们的个性可以转化为"集体心理"。听起来牵强吗？好吧，这或许是彼时人们的看法，但和我们现在对集体主义动物物种，如蚂蚁或蜜蜂等的认知相去不远。勒庞认为，人类的群体行为引发了类似动物界里所观察到的情况，一个有自己思想的群体会压制每个人的态度、价值观和信仰。该想法简单却充满争议——他人在场的情况下，个体可能会经历一种自身行为的"责任扩散"。这与社会科学的相关分支尤其是经济学的基本假设明显不同。

人们并不总是理性的，其行为有时和个人信仰明显不符，这一观点从根本上挑战了人类优势的主流观念，对社会心理学有关态度形成和改变的一些最具影响力的研究至关重要，这一点在之后我们会看到。

勒庞的理论是理论与认识论的一大进展，接下来要做的是进一步界定这门新学科的形成。当代社会心理学的一个基本要素是关注可检验的理论，生成假设，并坚持使用自然科学倡导的实验方法。实验方法源自1898年，当时印第安纳大学的诺曼·特里普利特实施了可谓是第一项社会心理学实验。像勒庞一样，特里普利特对群体感兴趣，但他关注的重点并非社会影响的负面效应，而是集体组织的积极效应。特里普利特注意到，有时在他人在场的情况下，人们无论干什么——运动、创作音乐或是工作——都表现得更好。他想以一种客观且可测量的方式来对明显的绩效提升进行量化。于是，他让一组孩子玩一个简单的游戏，游戏的目的是尽快转动渔线轮。重要的是，特里普利特比较了孩子们在单独和成对这两种任务状态下的表现。结果发现，两人一组转动渔线轮的速度要比单独一人完成快得多。这是心理学史上首个有记录的科学实验，它所揭示出的持久性现象至今仍是许多深入研究的源头。我将在第三章讨论这一有趣的效应。

任何新学科的成熟都以出版成书作为标志，20世纪初有两部社会心理学著作问世。1908年威廉·麦独孤在英国出版了《社会心理学导论》，1924年美国心理学家弗劳德·奥尔波特出版了《社会心理学》。这两部专著都以特里普利特的开创性工作为基础，巩固了这门学科作为实验科学的地位。

麦独孤的书植根于生物学，他将社会行为定义成由遗传性或先天性特征驱动的行为。奥尔波特的书则较少依赖于创造自然科学的知识基础，更多在于调整研究方法。他提倡客观性和实验控制，呼吁用“硬科学”方法研究人类行为。他从社会学根源出发，进一步推动该学科更多地关注作为社会变革动因的个体，创造了至今仍在使用的术语（例如“社会促进”和“从众”）。

战争年代

20世纪30—40年代，社会心理学研究的受欢迎程度呈指数增长。大量的研究开始在美国和欧洲涌现，从拉皮埃尔1934年的“态度与行为”研究，到谢里夫1935年的社会影响研究，再到霍夫兰和西尔1940年有关攻击性的研究，新的现象不断被发现。稍后我将详细介绍这些经典研究，目前暂不透露。重要的是，这段时期的研究活动明确了接下来五十年学科的发展，这是社会心理学真正的发现时代。

为什么会出现研究的激增？原因在于20世纪上半叶席卷全球的动荡和悲剧性事件。两次世界大战后，科学家愈加迫切地将注意力转向人类行为的研究。社会心理学已不仅仅是有趣的知识追求，它对理解人类冲突与攻击性的本质突然变得重要起来。

想象你自己是一位社会科学家，处在20世纪40年代末的冷战前夕，即将面临核毁灭的真实前景，你会怎么做？可以说，并非物理、化学和工程领域的技术进步导致了战争（这些只是让我们更容易、更快地自相残杀）。战争的根源在人性，我们能够制造那些难以解决的分歧，但分歧似乎只有在冲突中才能解决。

随着技术以前所未有的速度向前发展，明白人类如何在合作、调解和冲突中相互联系变得极其重要。因此，社会心理学的进步必须紧跟工程学与物理科学的脚步，否则，我们制造冲突的能力将迅速超越我们和平共处的能力。我们稍后会看到，两次世界大战为许多研究提供了灵感，这些研究造就了今天的社会心理学领域。

认知革命

20世纪80年代，现代计算机诞生。它不仅改变了科学家分析数据的速度和效率，对心理学家来说，它还试图表达人类思维的内部运作。理解计算机编码、组织、处理和输出数据的方式，为认知心理学家提供了一块新模板，社会心理学家也乐于采用这块模板。

例如，行为被认为是输入—计算—输出过程的结果。因此，如果从现有数据计算出的积极行为比消极行为比例更高，我们就会对一个人产生积极的印象。正如大家所知，社会认知作为理论和研究的核心要素出现，涵盖了构成社会心理学的不同主题。该领域摆脱了前几十年盛行的行为主义方法，目的在于预测行为，还在于理解“社会心理”的内部运作。它旨在建立理论，直接解释我们的态度、信仰、价值观和意识形态是如何表现的，以及这些表现如何改变行为、与行为互动并预测行为。1991年，费斯克和泰勒出版的《社会认知》一书总结了这种新方法，该书仍是当今许多大学社会心理学书单的核心读物。

当然，计算机不仅提供了探究人们如何处理他人信息的新方法，还催生了全新的实验与数据收集方法。在此之前，测量态度和行为主要通过观察、定量方法（问卷和量表）或定性方法（访谈、文本和话语分析），计算机提供了在毫秒级反应时水平上呈现刺激和测量态度的手段。

这很重要，因为它让研究者能够评估意识之外所感知到的社会刺激的影响（例如，在计算机上以比眼睛能够识别的速度更快的速度呈现"男性"、"女性"、"年轻"或"年老"等词——大约三百毫秒——但足以让大脑捕捉），从而可以考察社会环境对行为更微妙的影响，并帮助研究者解决人们会给出社会期望的回应而非报告"真实"态度的问题。我们了解到，人们经常是所说非所想（尤其当别人在场或者回答受到别人审视的时候），反应时方法使研究者能够评估人们不受社会规范和自我调节束缚的真实的、潜在的态度。

环境中的认知

尽管认知革命对这门学科的发展至关重要，但有些人认为，它最初过于关注社会心理的内部运作，忽视了社会环境的影响。为弥补这一点，近年来人们愈发关注所谓的"情境认知"，即社会认知是如何受社会环境影响的。从认知过程是固定不变的，到认知是当前情境的突现属性，这种观念的变化体现了最重要的理论转变。换言之，人们在社会环境中的思维方式并非事先存储的静态表现或所学规则的产物，而是会依赖于环境和参考框架而发生根本变化的。

例如，人们不会将存储在记忆里的单一刻板印象套用到特定社会群体（如穆斯林）中的所有人身上，而是会对所遇见的该群体中的不同成员抱有不同的期待，这取决于他们之间的关系（如朋友、邻居还是陌生人）与所处的环境（如在家还是在工作单位）。环境和关系对于人们社会世界构建方式的重要性，现在是社会心理学的主要议题，我们将在后续章节中讨论。

当代社会心理学

如今社会心理学是一项全球性事业，世界各地不同的实验室每天都在进行着研究。社会心理研究发表在百余种杂志上，新的发现每天都有报纸报道。社会心理网络（一个在全球拥有两千多名成员的教育组织）自1996年成立以来，网页已被浏览了数亿次。

不管是我们将要谈论的关于服从、从众、偏见还是说服的研究，社会心理学都已为商业、政府、慈善机构和其他组织提供了许多洞见。态度、领导力、宽容、攻击性、从属关系和吸引力、友谊和爱情这些概念，对从管理到教育、从健康到艺术、从政府到媒体的多种职业和工作都有广泛的实际意义。社会心理学学科具有令人难以置信的多功能性、适用性以及与现代世界的相关性，当你在自己的社会世界中适应、使用和应用其洞察力时，希望本书能为你在该领域打下一个坚实的基础。

第二章

社会心理

本章关涉社会心理的基本运作，即社会认知。认知是我们感知、处理、储存和回忆信息的思维机制。例如，你在读某句话时，大脑会产生一系列反应机制。首先你看到的是字词，继而视觉输入被转化、编码，并与记忆中这些字词的意思相匹配。当你理解每个字词的意思时，它会依据其他存储规则被编辑成一个句子结构。这个句子被解释并保存在工作记忆里，帮助你处理下一句话、下一段，直至整个章节。最后关键信息被总结、提取和存储，以便解释后续的信息。

社会认知的运作方式基本相同——除了刺激和意义，解释的都是我们社会世界的内容。因此，社会认知涉及我们如何编码、分析、存储和使用有关我们所遇之人和相互关系的信息，涉及我们一旦与人交流便会自然启动的心理过程。它是社会心理学的基本要素，构成接下来我要讲的几乎所有内容的基础。

那么在实践中什么是社会认知呢？嗯，其实我们一直都在做，只是没有意识到而已。比如说，想想当你明早醒来时会启动一个怎样的心理过程。也许你开始考虑当天晚些时候要准备的一个汇报。为什么要准备呢？当然有显性规则，这是老板让做的；但也有隐性规则，这些规则看不见摸不着，却对我们的行为产生了强大的影响。你肯定不想在同事面前出丑（这是一种社会影响），然后还有更宏伟的蓝图——你想做好工作，在职业生涯中取得进步。为何想这么做呢？这是你实现抱负的关键，你想让亲朋好友为你感到自豪（自尊和社会比较，两者都是社会过程）。

好吧，或许你不在想这些，而是在听收音机。收音机里流行音乐的节目主持人正在讲着她去超市购物的幽默片段（当她伸手去拿桃子时堆叠起来的水果坍塌下来），你为什么会笑？是感同身受（一种社会联系），并意识到她的处境（在别人面前觉得尴尬，这是另一种社会过程）。

或许起床后你就立即下楼去吃早餐了。全家人都在那儿。老爸开始问你的功课（来自重要他人的社会压力）；你昨天跟姐姐吵了一架，现在还有点生她的气（人际关系）；你不再吃熏肉，因为上周看了一部动物是如何被屠杀的纪录片（态度改变）。

我还可以继续说下去。社会认知几乎每时每刻都在起作用。即使独处，我们也在思量别人。比如，男朋友今早为什么疏远你？老板是否会通过你的升职申请？我们认识或遇到的每个人都会激发我们的社会心理。这些都不是新闻里会提及的大议题，移民、政治、经济这类社会议题及影响每天都围绕着我们每一个人。

认知是社会影响的核心，驱动着我们的态度和偏见，以及利他主义和攻击性。在本章中，我将介绍社会认知的基础知识，特别是我们如何形成对他人的印象。为此，我需要回到社会心理学的源头，用一个比喻来定义这门学科的早期状况。

朴素科学家

社会心理学先驱弗里茨·海德想要创建一套社会心理的基本理论，目标是建立驱动社会行为的基本指导原则。其理念是，虽然人和动物一样，有一个生存需求层次（如食物、睡眠、性等是最基本的需求），但也有基本的认识论和存在的需求。为了生存，我们复杂的大脑需要知道我们是谁，以及这个世界是如何运作的。

海德认为，我们并不只是被动地观察世界，而是在不断地编码、分析和处理社会信息，这样做有助于满足我们的两种基本需求：了解世界和试图控制世界。换言之，人类的行为是由预测和控制的需求所驱动的。

这些驱动力在进化上是完全合理的。任何生物体的成功恰恰依赖这两条原则：一是处理信息的能力，以使我们能够创建有关世界的常民理论；二是在学习预测原则的基础之上来理解世界运行。如果我们能够理解世界，预测世界上发生的事，就能控制世界；能控制世界，我们就能生存（并传递我们的基因）。人类祖先也是在不断的适应中才明白老虎要避开，而山羊适合放牧。关键是这些原则也适用于社会关系。了解了哪些人、哪些“部落”具有攻击性，从而要避开，我们的祖先才得以安全无虞，并繁衍生息。

在海德看来，构建世界运作模式这一需要是如此强烈，以至于在所有社会性和非社会性的互动中，我们都在寻找意义和意图。他用一项经典研究论证了这种基本的驱动力。在论文“对表面行为的实验研究”中，海德和玛丽安·西梅尔给一组被试播放了一部短片，短片中若干几何图形（一个大三角形、一个小三角形和一个圆形）在一个大矩形（一侧有开口）内部和周围移动。看完这个非常简单的动画后，被试要回答一个问题：“你看到了什么？”

海德和西梅尔发现，研究中仅一人准确地描述了看到的情景（“大三角形进入矩形并来回移动”），其余被试都把几何图形的移动描述并阐释为人的行为。比如，有人这样回答：“一个男人打算去会一个女孩，那个女孩和另一个男人一起走过来。第一个男人让第二个男人走开，对方摇摇头不同意，然后两个男人就打了起来。”换句话说，被试把几何图形看作人的代表，把观察到的图形运动视为社会互动模式的代表，基于所见构建了一个意义系统。

海德在这里所揭示的是一种基本的人类欲望，即希望事物是有意义的，这种欲望定义了社会心理处理信息的方式。根据海德的说法，这种理解我们周围的世界，特别是理解我们社会世界里人群的核心需求，决定了我们收集和处理信息的方式。他认为我们基本上是“朴素科学家”，通过构建心智模式去表征世界是如何运作的。如第一章所述，在心理学形成之前，其他社会科学家对人性的普遍看法是：人是有理性的、善于分析的、有逻辑的。在海德看来，这些特性无非体现了朴素科学家的想法：我们想要理解这个世界，并不断地试图对他人的行动进行编码、分析和归类。弄清社会心理是如何做到这一点的，有助于激发社会心理学一个主要研究领域的发展：归因理论。

归因理论

归因是我们赋予世界以意义、理解世界的方式，是对人们行为的原因做出推论。我们每天都在归因，在我们的社会世界里确定因果关系。想象一下，你上班时在走廊上看到两个朋友在争吵。脑海里想到什么？你可能没看他们的穿着，而是在进行归因，试图弄清楚他们为什么吵架。换句话说，你正试图把结果归因（引起争吵的原因）。

再举一个例子，你喜欢的那个男孩或女孩一直在朝你这边看。想想你当时脑子里在想什么：是因为他或她也喜欢你，还是纯属自己的想象？在这种情况下，你试图从他或她的行为推断出他或她的意图，即试图为结果（他或她朝你看）找到原因（最好是他或她也喜欢你）。

尽管名字听起来颇为专业，归因却是一种日常性的理论。我们确实每时每刻，甚至在试图了解自身需求、欲望和驱动力的时候都在这么做（我想在大学阶段学习心理学吗？除了统计数据以外，我好像还挺喜欢它的，诸如此类）。

因此，归因是社会认知的关键方面，即我们如何在社会世界中确定因果关系。然而，与物质世界相比，社会世界里的因果推断有一个重要的差异：物理对象不会随情况而变（除非我们进入量子力学，不过现在还是让我们停留在基本的牛顿力学吧！），但社会对象会。

就拿一支笔来说吧。无论在什么情境下，无论在什么地方，笔就是笔。无论放在你的口袋里、手中，还是桌上，这支笔的典型特征始终不变。确定钢笔为什么会出墨水很容易，因为不管环境如何，原因和结果都是稳定的。

现在来说说人吧。人的典型特征是人格。人格虽然相对稳定，但也会随情境而变。和朋友在一起时，你的表现会和求职面试时有所不同。要理解和预测一个人，我们不能忽视情境，要了解核心人格特征和情境特征，以及两者之间的交互作用。在社会情境中，考虑情境会使归因过程变得更难，这正是归因理论要研究的，即我们如何决定个人行为是归因于内在核心的人格或性格特征（“他正朝这边看是因为他喜欢我！”）还是情境特征（“哎呀，他看这边是因为他的朋友在我后面”）。

情境的力量

库尔特·勒温是以物理学家的身份开始科学生涯的，但在第二次世界大战中所经历的犹太人大屠杀浩劫促使他去理解社会心理的机制。他认为，和物质世界的物体一样，人们的行为不仅受到自身意图的影响，还受到周围（社会）世界中“动力场”的影响。正如物理学家可以预测物体在介质中的速度和运动一样，心理学家如果知道社会介质的属性，也可以预测穿行其中的人们的行为，重力、黏度等就变成了情境的元素。这一关键性洞见形塑了接下来五十年对社会心理的研究：要了解人们，我们需要在情境中实地去了解他们。换言之，任何人的行为不仅由其内在特征

(欲望、希望、驱动力等)决定,而且由其所处情境的特征决定。

情境的力量——有时是压倒性的力量——在菲利普·津巴多著名的(同时也是臭名昭著的)“斯坦福监狱实验”中得到了证明。在这项早期的社会行为研究中,一组志愿者被随机分成两组,分别扮演狱警和囚犯。津巴多通过一系列强大的情境元素来增强随机分配的角色的权力。角色一分配好,模拟就开始了——囚犯们被拖到警察局,采集指纹,然后剥光衣服。狱警和囚犯都被去个体化,分别领到警服和号码,狱警戴着墨镜,避免眼神接触。

随后发生的事证明了情境在决定行为方面的力量,令人难以置信。狱警们越来越沉浸在自己的角色中,对囚犯们的攻击性越来越强,并使其蒙受羞辱。最终,由于担心囚犯的安全,模拟实验不得不停止。该研究显示,社会角色和情境在改变人们行为方面有着惊人的力量(记住,参加模拟前狱警和囚犯完全是随机分配的,都是社会适应能力良好的典型美国公民)。

在本书中,我将向你展示许多例子,阐明社会角色、刻板印象、类别/范畴、人群和其他大量的情境决定因素如何揭示出人类行为最黑暗的一面(从“只是在服从命令”的纳粹警卫,到最近伊拉克发生的阿布格莱布监狱暴行)。目前重要的是,这些研究表明,任何人的行为都不能单纯用其人格、驱动力或动机来解释,与此同时我们也必须考虑到情境。

做出归因

任何人的行为都可能有一个内因(性格、人格、情绪)或外因

（情境、运气、他人的影响），归因理论关涉能让人们得出一个或另一个诸如此类结论的过程。多年来，关于人们如何归因的理论层出不穷，最著名的当属凯利的协变模型。

协变模型为人们如何对观察到的行为进行内部和外部归因提供了一套规则。凯利认为，人们为此会寻找三类信息：共识性、一贯性和特异性信息，而后整合这些信息，推断出最有可能导致当前行为的原因。

举例说明，有一天你来到校园，你最好的朋友戴着一顶疯狂的红色假发摇摆着向你走来，你的社会心理会立即自动发问"为什么？"。根据协变模型，你在寻找三类关键信息。

第一，共识性。只有你的朋友戴着红色假发（共识性低），还是周围的人皆如此（共识性高）？如果只有你的朋友这样，说明是性格原因（你朋友的特质，或许他们喜欢出风头）。相反，如果每个人都戴着红色假发，意味着情境原因（也许今天是红色假发慈善日）。

第二，一贯性。你的朋友总戴着红色假发（一贯性高），还是只有今天才戴（一贯性低）？如果总戴着，再次说明他喜欢与众不同——这是其人格的一部分。如果只是今天才这么做，就再次暗示这是一个情境原因——今天是红色假发日。

第三，特异性。你的朋友在其他情境中戴红色假发（特异性低），还是在校园里才戴（特异性高）？如果在其他情境中亦如此，暗示是性格原因（不管情境如何，他想通过戴古怪的假发来彰显个性）。不过，如果他只在校园戴，在其他场合不戴，就意味着是情境原因——又是红色假发日。

依据协变模型，人们评估这三类信息，通过一个计算过程来权衡，并对每类信息进行高评估与低评估。例如，可能并非三类信息都一致。也许校园里的每个人都戴着红色假发（共识性高，意味着情境原因——红色假发日），但不管情境如何，你的朋友反正总戴着假发（一贯性高、特异性低，意味着性格原因——他个性古怪）。该模型预测，感知者必须权衡相互冲突的共识性信息和一贯性、特异性信息，决定信息的取舍，最终做出总体判断。这种情况下，共识性信息在最终归因时可能会不被重视或权重减少，也就是说，尽管在这个特殊的日子（红色假发日）每人都戴着假发，你朋友的个性也还是比较古怪、喜欢出风头的。

虽然大量的实证证据表明，人们使用上述三类信息得出行为原因的结论，但是像协变模型这样正式的归因模型显然存在“先天不足”，因为人们在许多情况下似乎绕过了模型规定的复杂计算，但仍然做出了归因。有些研究的确发现，当人们获得共识性、一贯性和特异性信息时，能够基于模型预测的人们行为的原因得出结论。如果遗漏了一些信息，或是改变了判断所需的条件（如时间压力、动机等），模型就会崩溃失效。相反，人们似乎使用了一个完全不同的过程进行归因，有些研究揭示了这个过程，发现当人们被要求在非最佳或非理想条件下进行归因时会出现“错误”。

归因偏差

本章开始我就提到，我们思考社会世界的时候讲究逻辑、理性，像朴素科学家那样行事，试图构建一个有意义的、可预测他人行为的模型。在某种程度上的确如此，但是这种对意义和稳定的渴望并不是决定我们如何看待他人的唯一驱动力。

随着归因理论研究的进展，我们发现很多时候自己的思维方式根本不像朴素科学家。我们不会对他人及其行为进行“验证假设”，当然也不会每次社会互动时都在头脑中做复杂的统计计算，相反，我们似乎经常依赖“直觉”和“本能”之类的东西来形成对他人的印象——这些看似无形的思维过程实际上是可以被分离、定义、归类和预测的。归因偏差研究揭示了这种更快捷、更简单的思维方式。

人们表现出来的第一种偏差被称为基本归因偏差，因为经常这样做。在其他条件相同的情况下，人们倾向于进行性格（内部）归因，而非情境（外部）归因。试想有天晚上你走出夜总会，看到两个不认识的家伙在打架。你的第一反应是什么？很可能你认为他们不是好人，打架是性格使然。如果你下周在酒吧碰到他们，对他们的第一印象很可能保持不变——不管他们看上去人有多好，上周你还看到他们在打架，这会影响你现在对他们的看法。换言之，你的第一想法是，行为表明稳定的性格特征，这就是一种性格归因。

琼斯和哈里斯1967年的一项研究为该偏差提供了早期证据。该研究在冷战期间进行，要求被试阅读一篇支持菲德尔·卡斯特罗领导古巴（大约在古巴导弹危机时期）的文章，然后推断作者的态度。但推断前，事先告诉被试文章的主题（支持卡斯特罗）是作者自由选择的还是通过抛硬币随机决定的。被告知作者是自己选择写的被试，很明智地推断出作者的态度确实是支持卡斯特罗；但是被告知文章主题是随机决定的被试，也推断作者是支持卡斯特罗的。换句话说，即使知道作者没有文章主题的选择权，他们仍然会根据观察到的行为做出性格归因，这一点尤其引人注目，因为在那个历史时刻，美国人普遍关注古巴和卡斯特罗政权（合乎逻辑的预测应该是很少有人会支持卡斯特罗）。

基本归因偏差表明，当人们在试图归因时，并不总是在头脑中进行复杂的统计计算；相反，他们会利用其他的一些信息来源做决定。对第二种偏差即行动者-观察者偏差的研究证明了这一点。1973年，斯托姆斯开展了一项类似琼斯和哈里斯的研究，发现对他人进行归因时，人们倾向于产生基本归因偏差（容易将他人行为归于内部原因），但是对自己做同样的评估时，他们倾向于做出情境归因（容易将自己的行为归于外部原因），也就是说，基本归因偏差被逆转了。

对此的解释是感知显著性。具体来说，我们的注意力会被眼前场景中最明显的东西所吸引，这正是我们归因之处。根据这种解释，我们之所以会犯基本归因错误，是因为我们面前的人通常是场景中最吸引我们注意力的——他们在活动、说话、到处走动，而情境在背景之中，所以我们不太可能做出情境归因，更可能做出性格归因。另一方面，当我们对自己的行为进行归因时，无法在场景中看到自己，而看到的是情境，所以情境成为我们最关注的焦点。

只需借助一面镜子，对感知显著性的解释就可以发生逆转，这也进一步支持了感知显著性。研究表明，当要求被试对自己的行为做出归因时，如果在他们面前放一面镜子，效果就会截然相反：他们现在很可能对自己做出基本归因错误的评价（即做出性格归因）。这完全符合感知显著性的解释，即在镜子里，注意力又集中在我们身上，性格归因更有可能发生。

想一下你的日常生活，就会发现我们一直都在这么做。如果你遇到粗鲁“冷淡”的人，可能会觉得他们不是好人（性格归因）。但是，如果你遇到别人时刚好心绪不佳，你不会突然改变对自己的看法，并觉得自己很糟糕——你知道自己心情不好，因为早上家里的洗碗机爆炸了。换句话说，你知道导致自身行为（心绪不佳）的情境因素，却看不见同样的情境因素是如何影响他人的。

用我们知觉上最显著的东西来归因是一种认知偏差，但也有其他偏差是动机导致的。我们不只是被动地观察周围的世界；我们的希望、需求和欲望也预测着我们如何解释他人及自身的行为，而且常常带有偏差。自利归因是指有时归因的方式与计算和感知显著性无关，我们只是以一种让自我感觉良好的方式进行归因。

假如你在社会心理学测试中考得很好。你可能会感觉良好，为自己的聪明和努力感到骄傲——性格归因。你可能不会将此归因为运气等外部因素。相反，假设你考得很差，如果你把原因归结为做选择题时运气不好，或是老师教得很差劲，而不是归因于你没那么聪明，你会感觉好得多。将成功归因于内，将失败归因于外，是我们调节自尊和自我价值观念的一种方式。

这些归因偏差和错误表明，人们在寻求为周围的世界建立一个稳定的、可预测模型的过程中，并不总是像朴素科学家那样行事。海德所发现的驱动力告诉我们，是什么引导着社会心理去探索世界；但如何做到这一点的机制是不同的。人们不只是合乎逻辑地、理性地处理信息。相反，他们会走诸如感知显著性这样的捷径，或者动机会影响他们对世界的看法。在超越归因判断的思维领域已经发现了此类捷径，这些研究形塑了一种完全不同的社会认知观。

认知吝啬鬼

归因错误和偏差的发现，揭示了社会心理的另一面。这一面并不是理性的、合逻辑的、谨慎的和系统的，而是依靠感知显著性等线索，采取一种更为简单的方式进行社会判断。但如果人们不（总）是朴素科学家，那么他们是什么？费斯克和泰勒在开创性的著作《社会认知》中提出，我们完全是另一副模样——认知吝啬鬼。

与朴素科学家相反，认知吝啬鬼没有系统性和逻辑性，他们不会花很多精力去思考和分析周围的世界。相反，他们依赖于被称为启发式的省时思维捷径。认知吝啬鬼不太关心世界是否有意义，只关心尽可能有效地消耗认知资源。他们本质上是一个心理会计师，知道在任何时候人们都只能考虑这么多——所以想出了启发式捷径，试图用更快捷省力的方式接近朴素科学家得出的结果。

因此，启发式是一种省时的心理捷径，让我们无须费时分析或处理信息就能做出判断。比如，和费力地寻找共识性、一贯性和特异性信息（然后计算、分析、整合这些信息来做出判断）相比，依靠感知显著性进行归因的策略更简单快捷。这些捷径快而容易，但高效率也有代价。虽然启发式通常是准确的（否则我们也不会用），但远不如朴素科学家采用的系统思维策略准确，因此会导致一些在归因领域观察到的错误和偏差。

也许研究最多的启发式是可得性启发式，它能解释感知显著性对归因判断的影响。实际上人们的判断会被当前情境中最引人注目或最容易想到的东西所左右、锚定，有时甚至强行控制。

想象一下，假如你即将登机飞往外地过暑假，此时候机厅的电视屏幕上播放了一架飞机在北美某地坠毁的突发消息。新闻里的坠机事件，对你搭乘的飞机坠毁的概率没有任何实质性影响（从统计学上讲，飞行仍然比几乎任何其他形式的旅行都要安全，最近的这次坠机事件不会改变这一点）。然而，尽管你从逻辑上知道这一点，但登机时可能还是情不自禁地感到比平时更紧张，这就是可得性启发式在发生作用。你可能意识到这不符合逻辑，但仅仅是因为你可以容易地回忆起这则新闻，就会对你的旅行“直觉”产生深远的影响。

不妨回想一下2001年“9·11”基地组织袭击纽约后的那几周，航空旅行几乎减少了20%。这次事件在人们脑海中如此凸显，似乎让航空旅行变得比原本更危险（事实上统计数据显示，相较于其他形式的旅行，“9 · 11”袭击对航空旅行的实际安全影响微乎其微）。

可得性启发式是在判断和决策的一系列其他现象背后的，也许最明显的就是错误共识效应。百余项研究表明，人们有一种普遍的倾向，认为无论遇到什么问题，大多数人都会同意他们的观点。我们当然清楚自己的观点，尤其是强烈持有某些观点的时候（即我们经常回忆起它们），但是我们并不了解他人的观点（比如它们并非实际存在，或是分布在大型网络上）。

社会启动

本章讨论的启发式展示了认知吝啬鬼是如何在日常思维中使用捷径的，对于我们理解社会心理很重要的是了解如何运用捷径形成对他人的印象。可得性启发式影响我们对他人印象的一种方式是启动效应。所罗门 · 阿希是社会心理学的先驱，本书会经常提到他。他论证了人们如何在初次见面时就对别人的信息产生难以置信的偏见。在1946年的实验中，他给两组被试一张描述某人的形容词列表。第一组拿到的列表呈现如下特性，排列顺序是：聪明的、勤勉的、冲动的、爱挑剔的、固执的、嫉妒的。

然后要求被试说出他们认为此人如何。总的来说，被试认为这个人很好，并给出了积极的评价。阿希给第二组的是相同的列表，但排列顺序刚好相反：嫉妒的、固执的、爱挑剔的、冲动的、勤勉的、聪明的。

当被要求说出对此人的印象时，这组被试给出的评价就不那么积极了。本研究证明了可得性启发式的力量。人们记住的是最有效的信息，尤其记得第一次见到某人时接收到的最初几条信息。

社会启动在日常认知中无处不在，这个例子很好地说明了社会心理有时是认知吝啬鬼，有时是朴素科学家。一方面，是一种省时的心理捷径，减少了所需处理的信息量；另一方面，帮助我们根据第一印象构建预测心智模式。还记得海德所说的我们对一贯性和可预测性有着基本的渴望吗？社会启动可以被视为这一点的表现。我们想要创建结构和意义的欲望如此普遍，以至于从接收信息起我们就开始这样做。最初接收到的信息会形成结构，然后过滤掉其余信息，导致所谓的确认偏差。所以，如果你对某人形成了“勤勉的”印象，那么他们表现出的固执行为很可能会被你解释成“坚定的和坚决的”。相反，如果你对他们的第一印象是“嫉妒的”，其固执的行为很可能被解释成“守旧的”和“死板的”。阿希的研究表明第一印象确实很重要！

这种框架效应在人们描述重大问题上也很明显。想一想世界各地的冲突，反对派和政府是如何谈论这些冲突的——他们称“自由战士”还是“恐怖分子”，“占领者”还是“维和人员”？如何给事物贴标签能从根本上改变后续信息的解读方式，这在媒体、法律和政治中都能发挥巨大的作用。框架对于我们如何处理信息、如何形成态度和印象至关重要。

约翰·巴奇说明了看似无关的信息是如何创建出这样一个框架的。在1996年的“语言研究”中，他要求被试首先将单词整理成一系列句子，被试不知道这项任务实际上是为了创建框架。一半的被试把单词整理成与礼貌行为相关的句子，另一半则整理成有关粗鲁行为的句子。之后，被试以为实验结束，就开始了第二项实验（这次他们将与另一名被试交谈），因变量是被试打断实验者和另一名被试交谈的频率。受到粗鲁启动的被试比受到礼貌启动的被试打断实验者的次数更多，这说明两点：其一，框架不仅会影响我们对他人的印象，还会影响我们的行为；其二，框架会影响与其形成的环境无关的行为。

我们在社会情境中自动创建意义的冲动并不只是“在线”完成的，也就是说，是由我们接收到的关于某人的早期信息形成的。我们随身携带着大量基于以往经验的过滤器和框架，一见到别人（甚至在此之前），它们就开始影响我们对他人的信息处理。这些框架被称为图式、脚本和刻板印象。

脚本、图式和刻板印象

脚本和图式是理解世界的捷径，遵循与框架效应相同的基本原则，但是它们更详细、更复杂，并存储在记忆中，当我们在日常生活中遇到触发它们的特定情境时，它们就会被激活。它们是反映我们的社会世界如何运作的微型心智模式。

比如去电影院看电影。当你到达电影院时，你的脚本就开始生效了：你知道要先去售票处，然后是糖果柜台，接着走进正确的观影厅，灯光熄灭后就不能说话了。你知道在售票处购票时不能插队挤到前面去，买好票后要对号入座，一旦电影放映，就不能随意站起来或大声说话，或是因为感到快乐就开始引吭高歌！在这种社会情境下，什么行为是必要的、可接受的，都有一个脚本。

想想日常生活中出现的其他脚本：开车，去超市，照着熟记的食谱做一顿饭。我们知道在快餐店要走到柜台前点餐，在豪华餐厅则要等待服务。下次当你看到交通堵塞的车辆像波浪一样分开让救护车通过，想一下发生了什么——每辆车里的人都清楚地知道这种情境下需要做什么。这是一个社会共享的脚本，在特定的环境提示（救护车警报）下被激活。

脚本形成于经验，就像学骑自行车一样。一旦脚本形成并被激活，可以影响一系列的期望、意图、解释和行为。在很多方面，脚本的运作方式就像当情境适合时脑海中出现的可得性启发式。虽然这些认知捷径在日常生活中非常有用，但它们适用于不同人群时，也有可能对人们的生活产生负面影响。

图式是基本分类过程的结果。比如让你想一种“水果”，想到了吗？你肯定想到的是苹果或橘子，这些是人们想到“水果”类别时最容易被想起的东西。现在想想机械师。你肯定想到的是一个男人，男性是机械师类别的职业图式。

有关不同群体的图式就是刻板印象。它们完全符合启发式的描述，是经验法则——这些捷径使我们不需要经过费力耗时的心理过程就能对人们做出假设，并预测其行为。这些捷径和假设非常有用。在医疗紧急情况下，期待医生（而非水管工）拥有拯救他人生命所需要的知识至关重要；而家里漏水的时候，你知道水管工可以帮忙（但牙医不行），诸如此类。

对他人的期望帮助我们构建并赋予周围的世界以意义，同时也是形成对他人第一印象的极其有效的方式。刻板印象意味着我们不一定要像朴素科学家那样创造对世界的心智模式，从纯功能视角来看，这是有道理的。在医疗紧急情况下，我们根本没有时间花几分钟来询问医生，从提供的信息中合乎逻辑、理性地查明他是否具备必要的医疗知识。

与目前所描述的所有框架效应一样，刻板印象的问题在于，对新信息的解释存在明显的偏见。尤其是当刻板印象一开始就基于错误或不公平的负面信息时，更成问题。刻板印象的框架效应和过滤效应已被众多研究证实。在一项研究中，研究人员给被试播放了一段一位女性享用生日晚餐的录像，告诉被试她是女招待或是图书管理员（创造刻板印象的框架）。如果被告知是前者，被试随后能更好地记得看到那个女人喝过啤酒；如果被告知是后者，他们能更好地记得那位女士戴着眼镜。

这种确认偏差已被证明会影响十分重要的社会决策。例如，有研究表明，在完全相同的案件证据基础上，模拟陪审团更有可能认为少数族裔被告有罪（相对于白人被告而言），但是只有在给出信息之前就提供姓名（一个明确的种族标签）才会这样。这样做会创建一个框架，改变对随后呈现的信息的解释。对于努力为所有人创造机会平等和宽容的社会来说，这也可能是一个真正的问题。例如，如果一名女性因为自己是女性而无法在工程或科学等“男性”领域内找到工作（即该职业的反性别刻板印象），那么这就是刻板印象传播不平等和偏见的例子了。

因其通过语言而维持，刻板印象也很难改变。语言群际偏见描述了语言是如何传递和维持这些联系的。具体来说，在编码、表征和使用内群体的积极行为与外群体的消极行为时，人们倾向于使用抽象语言。反之，在编码、表征和使用外群体的积极行为与内群体的消极行为时，人们倾向于使用具体语言。重要的是，抽象语言意味着焦点话题是一个持久、稳定的特征，具体语言意味着一个一次性、孤立的例子。通过这种方式，一个人将自己的群体（内群体）与积极情感联系在一起，而将其他群体（外群体）与消极情感联系在一起，这种联系可以自我延续。我们将在第五章详细讨论负面的刻板印象是如何形成的，以及它们的使用如何导致偏见、不宽容和不平等。

有动机的战术家

本章中，我们已经看到人们是如何有逻辑和系统地处理关涉他人的信息，或是如何快速高效地处理信息，却增加了出错的风险。哪一种正确？研究表明这两者都适用，而且完全正确：我们既是朴素科学家，又是认知吝啬鬼，这要视情况而定。思考这两个模型如何应用的最佳方法，是将海德关于朴素科学家初始概念的组成部分分为潜在驱动力和过程。驱动社会心理的基本欲望是创建社会世界的预测模式，可以通过两个过程来实现：要么通过朴素科学家指定的理性、系统、符合逻辑的思维机制来实现；要么通过认知吝啬鬼使用的更有效但容易出错的启发式来实现。换言之，我们可以结合当前的情境，采取任何一种思维方式来创建我们社会世界的预测模式。

情境的特征似乎可以预测信息加工路径。当没有其他信息可以继续获取，或是处于匆忙或忙碌状态（参与更费力但更准确的系统加工的动机不强），人们就会依赖刻板印象。相反，当人们受动机激励想做到准确，或是如果有信息表明某人与刻板预期相悖，那么人们就更容易“摆脱”刻板印象，重新形成印象。因此，社会心理有两种可用的思维方式：一种缓慢、费力、准确；另一种快速、简单，但有时不太准确。这两种印象形成方式可归纳为印象形成的连续体模型。

根据连续体模型，默认的加工模式是启发式。所以，首次遇到某人时，我们会试图将其归入一个社会类别：男性还是女性，年轻人还是老年人，基督徒还是穆斯林，等等。最基本的类别（性别、年龄和种族）分类发生在最初的几毫秒内。如果这个人符合该类别，那么刻板印象就得到应用，所有的后续信息都会被过滤掉。

然而，有时候内在驱动力和情境因素会让感知者从连续体的启发式末端向系统思维末端移动。例如，如果这个陌生人是你的面试官，你很可能会自动转向系统加工（高度关注）末端。或者如果此人不符合现有类别，或与预期相冲突（如图1的女机械师），那么现有的刻板印象就毫无用处，作为一种印象形成的手段被抛弃。此时朴素科学家开始介入，增加认知资源的分配，试图理解眼前的这个人。本质上，这是朴素科学家试图修正他们的周围世界的心智模式，以确保其保持高度的可预测性。如果他们忽略这些规则之外的特例，那么系统最终会崩溃。

图1　女机械师。打破刻板印象的人会修正对社会角色的现有信念

这样，认知吝啬鬼和朴素科学家就能一起和谐地工作。认知吝啬鬼监控他们周围的世界，应用他们的心智模式的规则（脚本、图式和刻板印象）。但是，当遇到的人不符合规则，或者不适合系统的时候，说明要对系统进行修正。这时就需要朴素科学家介入，对眼前的这个人提供详细的、系统的分析，并修正心智模式。然后，将修正后的模式应用于未来的交互活动，整个过程再次开始。因此，一些社会心理学家认为，我们实际上是有动机的战术家，采用最能帮助我们理解世界的加工策略。这也可能是随着时间的推移，刻板印象得以改变的方式。随着我们越来越多地接触到反刻板印象的角色（如女机械师），我们对于不同职业规范的刻板印象可以被修正。

这就是社会心理，是思考人的基本要素。这些机制将指导我们理解本书的其余内容，在往下读的过程中，我们要牢记这些基本原则。人们试图理解他们周围的世界，建立他们的社会世界的模式，从而能够预测他人的行为，并且能够实现自己的目标和抱负。

第三章

态度与影响

现在我们知道了社会心理的基本运作方式，以及帮助我们创建社会世界预测模式的机制，但是内容呢？我们的心智模式由态度组成。态度是关于某个物体、人或问题的一套信念，可以简单清晰，也可以复杂多面。态度是心智模式的基本构件，帮助我们预测世界为何如此，以及我们是否认为它应该有所不同；它影响并引导着我们的理想、抱负、价值观和意识形态。

如果社会认知的子领域描述了我们如何构建社会世界心智模式的物理学，那么态度决定了该模式的特征。态度预测我们的行为，对我们是谁、做了什么、为什么这样做不可或缺。在本章中，我将讨论态度是如何形成、改变和预测行为的，讨论它的内在社会性，以及如何在回应我们周围人群的过程中得以界定和完善。

态度形成

1968年，罗伯特·扎荣茨发表了一篇论文，彻底改变了人们对态度形成的思考。他的研究是让被试看十个类似中文的符号，每个符号每次出现两秒（见图2）。重要的是，这些符号纯属虚构，被试以前从没有见过。每个符号出现的次数不同（五次、十

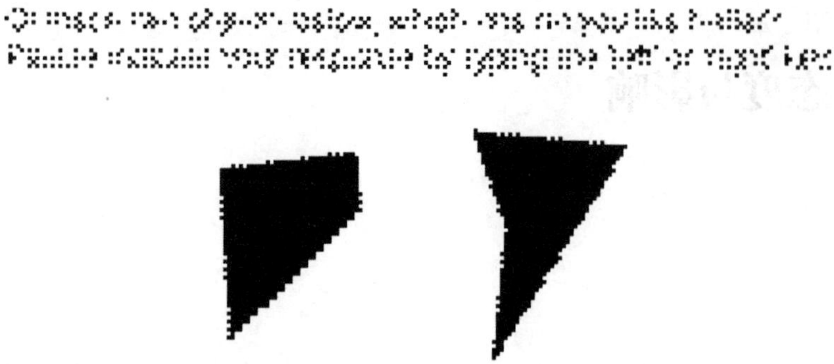

图2 扎荣茨在纯粹接触效应研究中用到的符号

次、十五次，诸如此类），呈现的时间也因此不同。接着，被试再次看到这些符号，要猜测每个符号表达的词义是积极的还是消极的。扎荣茨发现，人们显然更喜欢呈现时间较长的符号。

已有数百项研究复制了“纯粹接触”效应，刺激各种各样，从人到食物，再到涉及复杂社会问题的陈述，累积的证据确证了该效应的真实性：我们看到某样事物越多，就越喜欢它。

纯粹接触代表了态度形成的最基本机制：我们喜欢熟悉的事物。想到第二章提及的驱动社会心理的基本需求，我们认为这很有道理。社会心理需要构建一个有意义的世界心智模式，使我们能够预测他人的行为和社会环境的运作方式。熟悉的是可预测的，所以看到熟悉的事物我们会感觉良好是有道理的。纯粹接触是构建我们的社会世界预测模式的社会心理最基本的表现形式。

这种效应甚至可以解释一些奇怪的现象，比如为什么我们从来不喜欢自己的照片，而我们的朋友喜欢却不知道为什么我们不喜欢。原因是，我们不熟悉从摄影师（外部）的角度看自己，我们更熟悉的视角是自己的镜像。我们最常看到自己的镜像，没有人是完全对称的，所以我们的镜像看起来和别人眼中的我们略有不同。

虽然我们看到某种事物越多就越喜欢它，但这种基本的效应是由构成我们体验的关联情感所限定的。联想学习是我们的社会心理学习周围的世界中什么该接近、什么该避免的另一种方式。人类大脑中最古老的系统使联想学习成为可能，我们甚至与动物共享这一系统。我们习惯于检测环境中的共变：当两件事同时发生的次数足够多，我们就会期待一件事会导致另一件事。著名的例子是伊万·巴甫洛夫的实验，他把给狗喂食的铃声和食物配对，发现过了一会儿只是响铃就足以让狗分泌唾液，因为狗已经知道铃声响后就会有食物。人类也可以在社会刺激中获得同样的联想学习。

卡洛琳和亚瑟·斯塔茨做了一项实验，让被试看到“荷兰人”或“瑞典人”等词，这些词和积极或消极的词汇同时相伴呈现。随后，要求被试表明对不同的国家有什么感受，包括那些在学习阶段与积极或消极词汇相关的内容。果然，当“荷兰人”与积极词汇配对时，被试对“荷兰人”这个词的感受更积极，当“瑞典人”与消极词汇配对时，被试对“瑞典人”这个词的感觉更消极。当实验者在学习阶段颠倒配对时（“荷兰人”—消极，“瑞典人”—积极），被试随后对国家标签的感受也随之发生改变。

值得注意的是，当积极或消极词汇和无意义的词语配对时，这种效应更强，意味着如果人们对手头的问题、物体或人缺乏事先的了解，联想学习可能是态度形成更重要的决定因素。这很有道理：联想学习是我们建立自己的世界的心智模式的方式。一旦建立起来，就很难改变（就像我们在第二章看到的脚本、图式和框架）。关于世界如何运行的心智模式只有在它不会立即改变的情况下才有用。

除了纯粹接触和联想学习所描述的基本学习机制外，人们还可以有意识地形成和表达态度，试图控制他们的社会世界。态度形成的功能理论认为，我们积极地采取支持、发展和定义我们重要目标的态度，这样的态度具有表达价值的功能。热爱动物的人可能会大力支持全国动物保护协会（NSPCA）。相反，绿色和平组织或LGBT维权人士可能会更早地形成与支持他们发挥作用的核心信念相一致的态度。

或者，人们持有某种态度是为了融入群体，建立联系与共识，或者安抚和取悦重要他人。这是功利性功能——我们表达的理念（和持有）态度可以使我们更容易建立关系。为了相处融洽，有些人可能会和朋友持相同的态度。如果你的朋友都喜欢某位流行歌手，而你不喜欢，可能会让你们更难找到共同点，更难交流，更难参与共同的活动。或许你的闺蜜交了一个非常喜欢足球和汽车的男朋友，你发现她们突然都对足球和汽车产生了兴趣。或许你父母都是教师，希望你能追随他们的脚步，所以你发现自己被教师职业所吸引。这样的态度有助于我们实现目标——是实现目的之手段。它们可能无法反映我们真实的或私下的态度，但并不会降低其真实性，或降低其对行为的预测能力。我们将在本章后面的部分更深入地探讨从众和社会影响，以及公开态度和私下态度之间的区别。

态度不仅能控制我们的环境，还能帮助我们积累知识。这种知识功能使我们能够预测世界，并满足社会心理的这一基本需求。例如，如果有人讨厌外国食品，这可能会导致他/她形成不喜欢出国旅行的态度（甚至不喜欢外国人，采取反移民的观点，反之亦然）。

最后，态度还有自我防御功能，例如，有人可能是种族主义者，或者指责移民抢走了所有的工作，以此来保护自己免受失业带来的消极自尊的影响。还记得第二章提到的自利归因吗？它会导致自我防御态度的形成。因此，认为老师教得不好的态度，是一种外部归因失败、保护自尊的方式。

当态度预测行为时

对态度的研究很有趣，展示了我们如何创建一个自己的社会世界的连贯模型。然而，社会心理学家不只是想了解人们如何表征他们的社会世界，还希望这些知识有实用价值，特别是能够预测人们的行为。如果态度不能预测行为，它在教育和社会政策等方面就没有什么实际的用途了。令人担忧的是，早期研究表明事实正是如此。

1934年，心理学家理查德·拉皮埃尔和一对中国夫妇开车周游美国，想看看有多少家造访的旅馆和饭店愿意为中国人提供服务。当时美国对东亚人抱有很大的偏见，所以研究解决的是重要的社会问题，想了解态度（造访过后通过电话调查测量）是否可以预测行为——这种情况下是服务中国夫妇的意愿。拉皮埃尔发现，尽管普遍存在偏见，二百五十家旅馆和饭店中只有一家拒绝为这对夫妇服务。然而，不久之后当他电话联系相同的店家，试着为另一对中国夫妇预订时，发现行为模式截然不同——90%的饭店拒绝为他们服务。

对于一门试图将自己确立为有用的社会科学的学科来说，该研究结果令人震惊和不安，说明态度研究毫无意义，因为很简单，态度并不能预测人们的行为。好吧，事实证明并没有那么糟糕。后来的研究发现，态度只能预测特定情况下的行为。

实际上这很有道理。人不是单维的，正如我们在第二章看到的，人格并不总能预测行为。我们也必须考虑情境（即使是最外向的人也会在葬礼上表现出克制）。态度也是如此。它是预测行为的坚实基础，但我们也必须记住其他因素。例如，要预测行为，必须在同样的特定性水平上测量态度。

以拉皮埃尔的研究为例：他联系了饭店老板，问他们是否会为中国人服务，但他真正造访时，问的是能否为一对特定的中国夫妇服务。对一般人群的态度和对群体成员个人的态度大有不同。另一个因素是社会赞许性。本章后面我们将看到，人们非常关注自己在他人面前的形象，比如，礼貌的社会规范可能比任何私人持有的态度更加重要。所以，你可能真的不喜欢你女友或男友的那些朋友，但是聚在一起时，还是保持沉默，维护和平吧！

态度也会随时间的推移而改变。拉皮埃尔的态度评估是在行为评估后数月进行的。如前所述，社会心理总是在寻找规则之外的特例，不管是人、事件还是事物，都会降低我们的心智模式在预测他人行为方面的效率。社会心理是一个动态系统，不断成长、修正和变化。我们的态度会随时间而改变（想想几年前你对政治、文化、社会等一系列问题的看法，依然如故还是发生了巨变？），态度评估和行为测量之间的间隔越长，两者可能就越不一致。

拉皮埃尔的研究催生了大量研究态度-行为关系的后续工作，并产生了社会心理学中最具影响力的理论：计划行为理论。根据伊塞克·艾奇森的说法，态度是行为的三个关键预测因素之一，另外两个因素是主观规范和知觉控制。主观规范是指重要他人（家人、老师、老板等）认为你应该做的事情。因此，如果戒烟是一种行为，那么吸烟者的女友希望其戒烟就是主观规范。知觉控制是指你是否真的能执行这个行为（个体感知到的执行某个特定行为的难易程度），例如，吸烟者是否真的认为他能戒烟。这三个因素共同预测行为意向，进而预测行为。

态度研究对预测行为的核心模型进行了完善，发现其他因素在不同的情境中也很重要。例如，过去的行为（例如习惯）会或多或少地影响某一行为的实施（取决于行为是否符合行为意向）。此外，通过鼓励人们制订被称为“实施意向”的具体计划，意向和行为之间的联系得到了加强。实施意向采取以下形式：“当情境[x]出现时，我打算做[y]”，所以意向与特定行为相关联。当相关情境出现时，它会触发“如果-那么”计划。研究证实，实施意向对健康（乳房自我检查）和学业成绩（撰写报告）等许多领域中的目标实现都大有裨益。

当行为预测态度时

到目前为止，我们一直假设在事情的发展过程中，态度先于行为。但有时候态度可以在行为实施之后形成或改变，通过自我知觉的“元认知”过程来实现。元认知是指人们对思维的思考，就像往后退一步，思考“我为什么会这样想/说/做？”。

根据达里尔·贝姆的自我知觉理论，这是态度形成的一种方式——我们退后一步，看看自己过去的行为，然后推断我们的态度。这是一种归因（见第二章），我们将因果关系归因于自己的行为，判断它们是由内部的性格特征（即我们的态度）还是由外部的情境约束（即“随大流”）所驱动的。

例如，如果有人问你是不是环保主义者，你可能会想：“嗯，肯定是的，在家和在学校我都会回收利用废物。”研究发现，当向人们提出强调他们的环保行为（如回收利用）和不环保行为（如用了多少电和暖气）的问题时，他们随后会报告自己是一个“更环保”的人；然而，这种情况只在人们对手头的问题尚未形成强烈态度时才会发生。例如，绿色和平组织的活动人士很可能会报告说，无论你向他们提出什么问题，他们都是环保主义者。

你甚至可以从面部表情反馈中获得自我知觉效应。一项评价一组卡通图案的研究表明，只是被要求用牙齿咬住一支笔（形成微笑的表情）而不是用嘴唇衔住笔（形成皱眉的表情）就会让人更喜欢卡通。这可被看作归因理论的另一个例证（见第二章）。人们将微笑或皱眉的表情错误地归因于他们面前的卡通图片——对他们来说最突出的情境原因。

行为改变态度的另一种方式是通过认知失调。认知失调理论由利昂·费斯汀格在1957年提出，植根于弗洛伊德的观点，即当人们反思与自己所持态度相反的（已经做过的）行为时，会经历心理不适。该理论预测，持有的态度与表达的行为之间的“不协调”将改变态度，使其与行为一致。因为你无法撤销已完成的、发生在过去的行为，改变态度成为解决你的态度和行为之间不舒服的“失调”的唯一方法。社会心理再一次寻求稳定、结构和意义。如果我们不按照自己的态度行事，那么我们对世界的心智模式能预测什么呢？

费斯汀格和詹姆斯·卡尔史密斯在1959年的实验中有力地论证了认知失调。他们让被试执行一项无聊乏味的任务（重复转动一块板上的四十八个木桩一小时），在此之后，要求一半的被试对下一个被试撒谎，告诉他们这项任务有趣且令人愉悦（先前的测试已确认被试确实觉得任务很乏味）。实验结束后，研究人员联系被试，问他们是否真的喜欢这项任务。费斯汀格和卡尔史密斯发现，在基线条件下，被试不出所料地报告说他们并不喜欢。然而，那些被告知要对下一个被试撒谎的被试却表示确实很享受这项任务。换言之，因为被要求撒谎，他们对任务的态度明显改变了。

有趣的是，当被试在说谎前获得奖励（这种情况下是二十美元）时，这种效应就消失了。费斯汀格和卡尔史密斯认为，这是因为人们有正当的理由去撒谎。不过，如果没有奖励（或者奖励太少），他们对所做之事的记忆就会导致不愉快的心理感受，即认知失调。导致失调的事件发生在过去，本身已无法改变，所以要消除这种不舒服的感觉，唯一的方法就是改变唯一可以改变的东西——我们现在的态度。

通过认知失调产生的态度改变与自我知觉理论描述的过程相似，但它有一个重要的差异，即它是在最初持有的态度很强烈（而非微弱）的时候才起作用。这两种理论的运作方式稍有不同，为社会心理理解世界的潜在动机服务。自我知觉理论适用于人们对某一特定话题的态度不确定（即态度微弱）的情况。因此，人们从自己的行为中推断自己的态度，以此来减少不确定性，也是构建其周围世界的心智模式的方式。当人们已对某一特定话题持有强烈的态度，但他们的行为方式却与这种态度相反时，就会出现认知失调。此时态度的改变，是改变其周围世界的心智模式的一种方式。这点很重要，这样模式才能保持其预测效用。如果态度不能预测行为，就没有多大用处，而通过认知失调来改变态度是保持这一关键功能的方式。

说　服

目前为止，我们已经了解态度是如何因内在欲望或人们对环境中事件的反应而形成或改变的，但有时其他人也会参与进来，也就是说，有人会试图劝说我们改变态度。

和我们刚才讨论的态度改变相反，说服是由于刻意的外部影响而导致的态度改变。认知失调和自我知觉都是由于内部自我反思而导致的态度改变，而说服则是在和试图改变我们态度的其他人接触之后的态度改变。最著名的说服模型之一当数理查德·派蒂和约翰·卡乔波在1986年提出的精细加工可能性模型。它是一个双重加工模型，就像在第二章讨论过的费斯克和纽伯格提出的印象形成的连续体模型。换句话说，它直接源自社会心理"有动机的战术家"之观点，在这里应用于态度改变。

模型认为，说服有两种加工路线：中心路线和边缘路线。采取中心路线时，我们以系统和分析的方式加工说服性信息（高度"精细加工"），就像朴素科学家在行动。手头问题对我们来说非常重要时，我们可能采取中心路线来加工，仔细研究信息，得出合乎逻辑、理性的结论，与凯利协变模型概述的归因过程非常相似。相反，如果采取边缘路线，我们就表现得像认知吝啬鬼。所以，我们不是花精力去细察论点，而是被快速简单的线索说服，比如试图说服我们的人有多吸引人等。这是一种启发式的思维方式，就像依赖感知显著性来进行归因一样（见第二章）。

采取哪种路线取决于我们有多少时间和信息，以及有多强的动机。幽默和情绪等外围线索也能决定路线选择。例如，进化心理学家推测，负面情绪表明环境出了问题，使人增强注意力（高度精细加工）以识别任何可能的生存威胁。相比之下，快乐的人倾向于使用边缘路线，他们更容易受到诸如劝说者的吸引力等模糊线索的影响。

另一个因素是涉及的问题。当争议的结果对自己有重要影响，比如他人可能审视你的回答，导致社会认可/不认可，这时就会采取中心路线。个体差异也很重要。认知需求高（喜欢努力思考）的人，如果有可获取的信息，更有可能选择中心路线。同样，自我监控（对他人如何评价自己的关注程度）将吸引人们采取中心路线来加工信息。

最后，语速等因素也有影响。例如，如果试图说服我们的人语速很快，我们就很难加工其所说的内容，就不得不采用边缘路线来加工消息。

重要的是，选择中心路线还是边缘路线并不能决定某人能否被说服。换言之，当人们采取中心路线而非边缘路线时，他们并不会更容易被说服。准确地说，某人能否被说服取决于中心路线或边缘路线的线索是否具有说服力。

所以，快速的言语可能使人采取边缘路线（系统加工所需要的信息根本无法获得），但劝说者是否有说服力取决于导致外围线索有说服力的因素，比如劝说者的吸引力和信息的可靠度。然而，与通过中心路线形成的态度相比，经由边缘路线形成的态度较弱，对反驳的抵抗力较弱，对行为的预测性较差。

社会影响

通过观察目前讨论的研究，有一个重要的发现：在大多数情况下，研究集中在态度形成的情境或内部驱动因素。纯粹接触和联想学习是情境驱动因素（对态度对象的接触量），自我知觉和认知失调是内在的元认知过程（思考个体行为以及行为是否反映个体态度）。最后，说服是因说服性信息而导致的态度改变——某人试图改变我们的态度，体现了对态度的“社会”影响，即态度的改变源自与他人的互动（从广义上讲）。接下来，我们将更为深入地探究这类社会影响。

社会规范

虽然说服涉及某人试图改变我们的态度，但有时候态度的改变仅仅是因为有他人在场。社会心理学是研究群体的，早期的一些实验观察了他人如何影响我们内在持有的态度。事实上，有人认为穆扎弗·谢里夫1935年关于规范发展的研究总结了社会心理学的全部内容——他人对我们的态度、价值观和行为会产生巨大影响。

在谢里夫的研究中，被试按要求坐在一间黑屋子里，面前投射着一个光点。谢里夫利用了既定的知觉错觉——“游动效应”，即在没有其他任何参照点（例如，黑屋子里只有一个光点）时，光点有看起来像在移动的趋势。被试的任务是判断光点来回移动的距离，这样的判断一遍又一遍地重复了很多次。

被试单独完成这项任务时，都对光点在振荡中移动的距离做出了稍有不同的估计（这是错觉的本质，事实上光点根本没有移动）。但是，当有他人在场的情况下完成任务时，不同寻常的事情发生了——被试的判断开始趋于一致。在连续的试验中，被试做出的判断越来越趋向一个共同的标准。

这是社会影响的第一次展示，仔细想想确实很惊人。我们都乐于认为态度是我们自己的，不受周围人（尤其是陌生人）的影响。然而，该实验清楚地表明，被试以为是自己的客观判断，实际上是社会情境的突现属性。被试完全没有意识到环境对他们自认为准确的判断所产生的影响。

谢里夫的经典研究开辟了全新的社会影响研究领域，深刻地说明他人对我们态度的影响力。在说服的情况下，我们通常知道有人在试图改变我们的想法（至少如果我们关注，并通过中心路线加工信息的话是这样的）。但是在这里，被试不知道其他人正在影响他们的判断，这就是为什么社会影响对于理解日常社会认知如此重要的原因。

想想最近一次你和一群人讨论某事的情形，你最终接受了多数人的观点，是因为每个人都在关键事实和信息系统加工的基础上达成了一致吗？还是社会规范的压力让你觉得你正在做出合理的决定，但事实上无形的社会影响正在起作用？

有趣的是，人们对任务的不确定性越高，在群体规范上就越趋向一致。这种趋同可以看作社会心理试图建立其社会环境的心智模式的一个例证。谢里夫实验的被试掌握的（可供参考的）信息不多，不能系统、理性地加工相关信息，必须寻找线索来做出快速、近似的判断。在第二章中，我们知道了错误共识效应，人们期望他人持有与自己相同的态度，而这里的过程是相反的。被试不确定自己的判断，所以依靠他人的判断作为导向。

但是，当我们对自己做出的判断有把握，坚信自己是正确的，而其他人都是错误的时候，情况又会如何呢？如果没有不确定性，还会有社会影响吗？答案出乎意料是肯定的。

从　众

1951年，所罗门·阿希实施了社会心理学的一项经典实验，类似谢里夫的视觉感知实验。他要求被试比较一条“标准线段”与三条“比较线段”，在连续的判断中说出哪条“比较线段”和“标准线段”一样长。为了考察社会影响的效果，还有六名被试在场。这些人和谢里夫研究中的真正被试不同，是实验者的同谋。换句话说，唯一的真实被试并不知道，其他六名被试和实验者是一伙的，在整个实验过程中对事先设计好的脚本做出反应。

实验过程如下。每次测试的时候首先呈现给被试一条“标准线段”，然后呈现“比较线段”（分别标记为A、B和C）（见图3）。

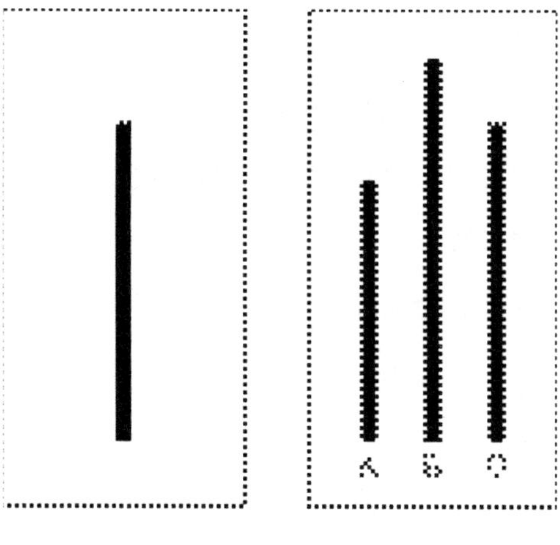

图3　阿希从众研究中用到的比较线段

围坐在桌旁的所有被试依次说出答案，根据他们认为的三条线段中哪一条与“标准线段”的长度匹配，喊出A、B或C。

五名实验同谋在被试之前喊出答案。有趣的是前两次试验之后，同谋开始给出明显错误的答案。例如，当线段B明显比“标准线段”长约一英寸时，他们会说“线段B”，此时线段A显然是正确答案。而且，并不是只有一个同谋给出错误的答案——所有人都开始这么做。

阿希的线段判断实验和谢里夫的光点判断实验有一个关键区别，后者没有明确的答案（事实上，他们感知到的任何光点的运动都是一种错觉），而前者的正确答案是显而易见的，这一点在被试独自完成实验时得到了证实——99%的情况下他们都选择了正确的比较线段。

在这种情况下你会怎么做？是相信你的耳朵（别人给出的极其错误的答案）还是眼睛？结果令人震惊。阿希发现，在37%的判断实验中被试给出了错误的回答。换句话说，当实验同谋给出被试知道是明显错误的答案时，被试无视自己的眼睛所见，也给出了同样错误的答案。事实上，有76%的被试至少在一次判断中遵从了不正确的多数人的观点。

那么人们为什么会从众呢？社会影响有两种类型，一种是信息影响，在之前讨论过的谢里夫光点判断实验中起作用。信息影响是指当你不确定如何回应时，利用他人的态度作为经验法则，是社会心理寻求建立一种情境的心智模式。

但在阿希的实验中却不是这样的——每个被试独自完成任

务时都能正确判断，他们显然是知道正确答案的，此时起作用的是另一种社会影响：规范影响，就是想要“融入”群体的愿望。当我们在群体中格格不入、不合群，或是突显为与众不同的时候，我们会觉得这样很令人反感。事实上，研究显示这确实很伤人。脑部扫描研究发现，当我们被群体排除在外时，大脑的身体疼痛中心会被激活。

从进化的角度来看，这是很有道理的。对于像人类这样的群居物种来说，群体总是具有适应性的。在我们祖先的世界里，被接纳进“部落”是为了感到安全，远离危险，被排除在外就意味着严重的生存问题（我们将在第六章深入探讨原始、本能的社会排斥的影响）。

后续研究揭示了强化或削弱从众性的各种因素。例如，在场人数越多，规范影响越强。研究表明，当群体规模增加到三人左右的时候，从众行为稳定在37%左右。基于原初实验的后续研究表明，当促进信息影响的条件最大化的时候，从众性增强（例如，需要进行判断时，“标准线段”看不到了，整个任务变得更加不确定）。说明如果你让任务更不确定，信息影响就会起作用，但这种效应独立于规范影响。也就是说，并不是随着信息影响的增加，规范影响就会减少。不确定性不会降低“融入”的愿望，甚至反而会让融入变得更加重要。

这两种类型的影响还可以通过它们对私下态度和公开态度的效应来区分。记住阿希的实验改变的是被试的公开态度——被试并没有真正改变他们对线段长度的信念，他们只是想避免成为局外人。规范影响（当事情是确定和明确的，但存在群体压力时）改变的是公开态度，而不是私下态度，这种从众被称为“顺从”。信息影响（当任务困难时，可供参照的信息很少，或被试对自己的态度没有把握时）改变的是公开态度和私下态度，这被称为“皈依”。

在对阿希原初实验的进一步拓展中，研究者揭示了从众的其他有趣现象。最值得注意的是，打破共识的社会支持显著降低了从众性，即使只有一个实验同谋与被试的观点一致。即使这个实验同谋与被试的观点不一致（也就是说，他仍然给出了错误的答案，只是也偏离了多数人的立场），从众性也会降低。这里重要的是打破社会共识。然而，如果一个同谋起初和被试的意见一致，后来又倒向了多数人的观点，那么从众性仍会处于共识被打破之前通常的水平。社会支持是抵制从众的有力工具，但它所建立的少数派共识是脆弱的（“分而治之”这句老话显然是很有道理的）。

众　从

从目前讨论的研究来看，你可能会认为多数人总是能随心所欲，但有时心理过程可以合力引发强大的少数人影响，即众从。塞奇·莫斯科维奇实施了另一项视觉感知实验，旨在调查社会影响，发现这次的影响者是少数人。

在他的研究中，研究人员向被试展示了一系列绿色或蓝色的幻灯片，被试要说出他们认为幻灯片是蓝色还是绿色的。虽然从技术上讲，所有的幻灯片都是蓝色而不是绿色的，但色调深浅确有不同，所以并不容易做出决定。参加实验的有四名真正的被试（多数人）和两名实验同谋（少数人）。莫斯科维奇发现，真正的被试（多数人群体）在8%的情况下确实改变了他们的回答，以与少数人保持一致——但前提是少数人一贯持有异议。

少数人的影响可以用我们在本书中看到的过程的组合来解释。首先，多数人完全知道，少数人会面临规范影响和信息影响的压力，但是他们仍然冒着被排斥、嘲笑的风险（规范影响），并无视跟随多数人一起行动的信息优势（信息影响），和多数人对抗。看到始终如一的少数人喋喋不休地谈论其不同观点时，大多数人会怎么做？这是人们进行归因最好的例子（如第二章所述）。当少数人表达异议时，多数人会进行归因，试图找出少数人这样做的原因。考虑到少数人忽略了情境的影响（多数人），表明是性格归因。

当然，这种性格归因可能因为少数人不过是“古怪”或“疯狂”而已。如果少数人的观点不一致，时而追随多数人的观点时而又不追随，或者只有一个持异议者，他们可能是行为怪异。然而，如果少数人（尽管人数不多）团结一致、始终如一，就会导致自信的性格归因（他们坚持到底的态度暗示着信心）。人们会认为，也许少数人掌握一些内部信息，或是有真知灼见，使其处在相对于多数人的优势地位。简而言之，如果你想改变人们的想法，那么作为一个群体要团结一致、始终如一。

正如我们所见，多数人通常通过规范影响改变其公开态度，而非私下态度，少数人则能激发更精细的信息加工（即精细加工可能性模型所概述的系统或中心路线加工)，对手头的问题进行更严谨的审视。这就是为什么鼓励不同意见、“畅所欲言”和多元化被视为群体决策的有益做法。事实上，压制少数群体会导致“群体迷思”——这种东西会扼杀创造力，导致严重的判断失误。少数人的不同意见引导人们远离启发式思维，鼓励皈依而非简单的顺从。

与之相关的是，研究表明，少数人能够促进发散思维——一种特殊的系统化思维，能激发创造力和创新思维。关键是身边有少数人存在很有用，他们能激发更深入的思考和创造力，让人们考虑多种观点，通常会产生更高质量的决策。例如，研究发现，陪审团需要做出一致性决定(而不仅仅是多数人的决定；所以他们必须辩论，考虑群体中少数人的不同意见)，因此花了更多时间，更详细地审查案件证据。即使决定没有因为少数人的观点而改变，少数人的存在也意味着最终的决定是经过更加深思熟虑和慎重的过程做出的。

领导力

也许最终的少数人影响是领导力——一种个体改变群体态度、能力和愿望的力量。社会心理学对领导力的早期研究集中在人格因素方面。换句话说，什么样的个人品质能让一个人成为好的领导者。比如，研究发现，领导者具有外向和尽责等品质，而不是神经质。然而，除了这些更普遍的个性特征之外，潜在的领导者也有不同的领导风格。

目前已确定有三种领导风格：专制型、民主型和放任型。专制型领导关注的是创造一个结构化的、基于规则的环境，对发展与团队成员的关系不感兴趣。相反，民主型领导发展了一种公共的关系结构，在该结构中，群体目标是通过讨论和协商来决定的。最后，放任型领导对群体几乎没有指导或民主参与，而是让成员自己去完成手头任务，只在必要时才介入其中。

研究发现，与其他两种风格相比，民主型领导通常更受下属的欢迎，因为它能培育一种合作、富有成效的文化，重视并激励团队成员做出贡献。相较之下，专制型领导往往营造出一种更具攻击性的负面环境，只有领导者在场执行规则的时候，群体的工作成效才高。放任型领导也不受欢迎，虽然他们能营造积极、轻松的氛围，但由于缺乏群体任务的结构和重点，工作成效不高。民主型领导似乎吸取了两种风格的精华，将专制型领导的任务取向法和放任型领导的社会情感法有机结合在一起。

虽然这三种领导风格的好处显而易见，但研究还发现，不同的情境下，不同类型的领导者也能带来不同的益处。如果领导-成员的关系是积极的，群体任务是明确的，领导的权威是合法的，那么像民主型和放任型这样的社会情感风格似乎才有效。但是，当领导-成员的关系不睦，任务不明确，领导的权威受到质疑时，就更需要任务取向法。

领导-成员交换理论甚至比这更进一步，认为领导者的效率恰恰取决于领导者与下属之间的关系。因此，高质量的关系会带来信任、喜爱和尊重，进而让下属产生内在动机，愿意为领导所支持的群体目标而工作。

根据社会认同理论（我会在第五章详细讨论），良好的关系还可以鼓励下属“去个性化”；也就是说，不再将自己看作个体，而更多地将自己视为群体成员——更容易接受群体目标。同样，去个性化以体现群体核心品质的领导者也会得到积极的评价，因其特征与群体所投射的社会认同非常契合。

社会促进

我们已经知道，态度预测行为（在适当的条件下），但有时置身于群体当中会对行为产生直接影响，而这种影响是不受态度调节的。对群体过程的研究是社会心理学的一个领域，它与本章讨论的社会影响研究相交叉，但更侧重群体生产率和绩效。

如第一章所述，有史以来的第一个社会心理学实验调查了社会促进现象。诺曼·特里普利特感兴趣的是，他人在场的情况下，人们做任何事情（做运动、创作音乐或完成工作任务）是否都表现得更好。他让被试（学童）尽可能快地转动渔线轮。在一种情况下，要求孩子们单独完成任务；而在另一种情况下，要求他们成对完成。他发现，孩子们两人一组时转动渔线轮的速度要比单独一人时快得多。

后续研究试图发展理论，为社会促进效应提供解释。一个著名的解释是评价忧虑。评价忧虑与规范影响并没有太大的不同，它是一想到要被一群人评判时产生的焦虑。但是，这里的重点是表现（行为）而非态度表达。评价忧虑会加快生理唤醒（心率、肾上腺素等），从而刺激身体更快地执行简单动作（如大声鼓掌、骑自行车），这提升了人们做出主导（经过良好训练可以习得的）反应的能力。

为支持这一理论，有研究发现，当作为他人在场的观众被蒙上双眼时，促进效应就会消失。然而，这种效应甚至在昆虫等动物身上也能观察到，周围有其他鸡的时候，鸡下的蛋更多。评价忧虑不能解释动物的社会促进效应，它们想必是不会关心给其他动物留下好印象的！因此，一些研究者认为，虽然担心被评判可能会增加生理唤醒，但有些唤醒的产生仅仅是由于周围有他人在场——这可以解释从人类和动物身上观察到的结果。

生理唤醒也解释了为何有时会出现社会促进效应，而有时会观察到相反的社会抑制效应。研究发现，他人在场时人们完成简单任务的速度会更快，但会抑制复杂任务的完成效率。例如，有他人在场的情况下，人们的鼓掌更有力，但成功完成数学测试的可能性更小。因为简单任务容易完成，也能经过良好训练而习得，我们经常在简单行为而非复杂行为上看到社会促进效应。

专家在复杂任务上表现出社会促进效应，这一观察结果为主导反应的观点提供了强有力的支持。比如，人们发现台球运动员在有观众在场时打得更好，许多运动项目亦是如此（“在比赛当天”表现是最佳的），这是因为对专家来说，即使是复杂的行为在他们的专业领域内也能学得很好。

但是对人类而言，任务难度并不是决定他人在场能否影响绩效表现的唯一因素。评价单位，即人们是按个体为单位单独评判还是按群体被评价也会产生影响，这种区别是另一经典的社会心理现象——社会懈怠——的核心。

社会懈怠

社会懈怠是指，当个人努力被汇聚在一起成为群体产品（每个人的单独贡献不会被识别出来）而不能进行个体评判时，个体表现会下降（而社会促进是在评判群体内的个体表现时发生的），该现象在比伯·拉塔内1979年的经典研究中得到了证实。

在拉塔内的研究中，六名蒙眼的被试戴着耳机坐成一圈，耳机里播放着喊叫声，他们的任务是尽可能地大声喊叫。实验操作是，被试被告知他们是和另一个人一起喊叫，或是和一群人一起喊叫（事实上，在每种实验情境下，都只有被试自己在喊叫）。拉塔内发现，当被试以为自己和一群人一起喊叫时，他们喊叫的音量会降低（相对于和另一个人一起喊叫时的音量）。这种社会懈怠现象表明，我们的贡献确实常常“被淹没在人群中”。

拉塔内提出，社会懈怠是社会心理学中一种更普遍现象——责任扩散——的结果。责任扩散描述的是，在群体中个人不太可能觉得对结果负有个体化责任（尤其是当他们的贡献很容易“被淹没在人群中”时）。在这里，它解释了当人们在群体中的表现不被单独评价时的群体动态。因为每个人负有更少的个体化责任，也不会被评价，所以想要表现出色的冲动更少（评价忧虑更少）。

责任扩散可能会产生严重的，甚至危及生命的后果。1964年3月，凯蒂·吉诺维斯穿过纽约皇后区邱园步行回家。她遭到一名持刀男子的袭击，一边尖叫求救，一边试图击退他。尽管三十八名当地居民后来承认他们听到了尖叫声，但是没有人出来帮忙，后来凯蒂被捅八刀后死亡。该案激发了社会心理学家的大量研究，以了解人们在紧急情况下什么时候不进行干预和帮助。

拉塔内和约翰·达利进行了一项实验研究，试图模拟这种旁观者冷漠效应所涉及的过程。被试自己来到实验室，或是和其他两名被试一起来到实验室。几分钟后，烟雾开始弥漫整个房间。研究的问题是，被试要等多久才会发出警报？结果表明，人们有时会产生阻碍行为的巨大力量。75%的被试在独处时几乎立即发出了警报，而当另外两名真正的被试在房间时，只有38%的人采取行动。当一个实验同谋坐在那里，似乎对迅速弥漫的烟雾毫不在意时，只有10%的人采取了行动。

在随后一项研究中，研究人员打算模拟更接近凯蒂·吉诺维斯谋杀案的情况，将紧急事件设定在其他人身上。被试会在他人在场的情况下伸出援手吗？他们设置了一个情境，让被试听到在另一个房间里的一名被试突然癫痫发作（事实上，该被试是同谋，癫痫发作是假的）。当独自一人时，85%的被试会立即发出警报，当还有另外两人在场时，只有64%的人会发出警报，而当他们以为有另外四人在场时，只有31%的人会发出警报。甚至当人们想象有他人在场时，这种责任扩散效应也会发生。

这就是社会影响。在下一章里，我将继续讨论什么时候社会影响会变坏——服从如何导致人们犯下可怕的残忍行为，以及社会事件和社会压力如何导致对少数群体的攻击和压迫。

第四章

服从、压迫与攻击

为什么好人会做坏事？在本章中，我将由从众开始，讨论一种特别有害的社会影响形式：服从权威。我将说明社会权力与情境是如何交互作用，迫使正常人做出极端恶劣之行为的。而后，我会进一步探讨社会压迫的本质。是否存在“偏见”人格？有些人是否只是对少数人有攻击性和不宽容的倾向？要说明的是，尽管有些人比其他人更具偏见，但这并不能解释偏见在现代社会中的广泛性和普遍性。更确切地说，有些心理过程让我们所有人都有产生偏见的可能性。我将展示社会心理学如何帮助我们理解偏见的本质，并为解决这个普遍存在的社会问题提供了新的方法。

服　从

第三章讨论了阿希的经典从众研究。我们看到，人们的态度，至少公开表达的态度，是随着规范影响而改变的。换句话说，人们有时会附和某个群体，只是为了避免受到排斥或冷落。然而，还有另一种更隐匿的社会影响形式揭示了人性最黑暗的一面，即服从权威。根据外显命令（而非群体传播的内隐规范）来行事被认为是从众的极端形式。

斯坦利·米尔格拉姆的服从研究，位于社会心理学最著名的研究之列。研究不仅明显揭示了社会影响的巨大影响力，还提出了心理学实验中的伦理程序问题。这些问题促成了现代的研究伦理政策，规定在实验过程中哪些可以发生在被试身上，哪些不应该发生。

第一章中谈到，为理解第二次世界大战期间暴行所做的努力在很大程度上激发了社会心理学。米尔格拉姆的研究是出于想了解（并帮助预防）这些最有害的人类行为的强烈愿望。他关心的是什么原因促使纳粹士兵在大屠杀期间对犹太人犯下如此暴行，特别是考虑到我们愿意相信人类有高度进化的是非意识，警卫怎么可能服从会导致数百万人痛苦和死亡的命令呢？20世纪60年代，米尔格拉姆在耶鲁大学开展了一系列服从控制实验，试图回答这些问题。

和本书中描述的很多实验一样，米尔格拉姆的研究也包括实验同谋和真正的被试。研究表面上关涉学习，要求一名被试测试另一名被试能否成功地学会成对的单词。另一名被试（“学生”）实际上是实验同谋，按照米尔格拉姆写的脚本来做。

研究是这样进行的。真正的被试（“老师”）坐在一个房间里，同谋在另一个房间。研究人员要求被试读出一系列成对的单词，看同谋学生能否准确地记住。问答通过对话机进行，每次学生回答错误，老师就按要求对其施加一次电击。电击其实是假的，但被试深信不疑。为了加强欺骗性，同谋学生遵照米尔格拉姆的脚本，每次受到电击都会尖叫并抗议（被试被告知，随着学生犯错的次数增加，电击的强度也会增加）。此外，同谋学生在实验一开始就说他们有心脏病（当然，他们没有，只是为了增加被试信以为真的电击带来的明显影响和危险）。

脚本对每个测试的被试都一样。在回答正确几对单词后，同谋学生开始犯错，被试按要求对其施加越来越强烈的电击。电击达到150伏电压时，学生开始抗议："实验人员！够了！放我走吧……我的心脏开始不舒服了。我不想做了！"在180伏电压下，学生大喊再也无法忍受这种痛苦了。到300伏电压时，他陷入沉默，伴随着连续的电击只能发出痛苦的尖叫。从330伏电压开始，就再也没有声音了。

实验开始前，研究人员预计大多数人对一个明显很痛苦的人实施电击时，自己会感到不舒服。米尔格拉姆想知道，如果一个权威人物不断命令被试继续实施电击会发生什么。所以，无论被试提出什么抗议，米尔格拉姆只是用"请继续"之类的短语，或是重申"将没有回答视为错误"来命令被试继续给学生实施电击。

现在把你自己置于这种情境下，你会怎么做？大多数人都愿意相信自己有很好的是非意识，无论谁发号施令，都会坚决抵制。别忘了，就被试而言，学生有心脏病，继续电击这个可怜的人，他很可能因此丧命！

在此之前，米尔格拉姆进行了一项调查，了解人们会在多大程度上服从这项研究中的权威人物，以获得基线信念。他询问了在校大学生、中产阶级成年人和精神科室医生，不出所料，多数受访者认为，在学生提出第一次抗议后，被试会拒绝继续。精神科医生预测，只有0.1%的被试会完全听从米尔格拉姆的命令，实施最强电击，标记为450伏：“XXX——危险，强电击！”（见图4）。

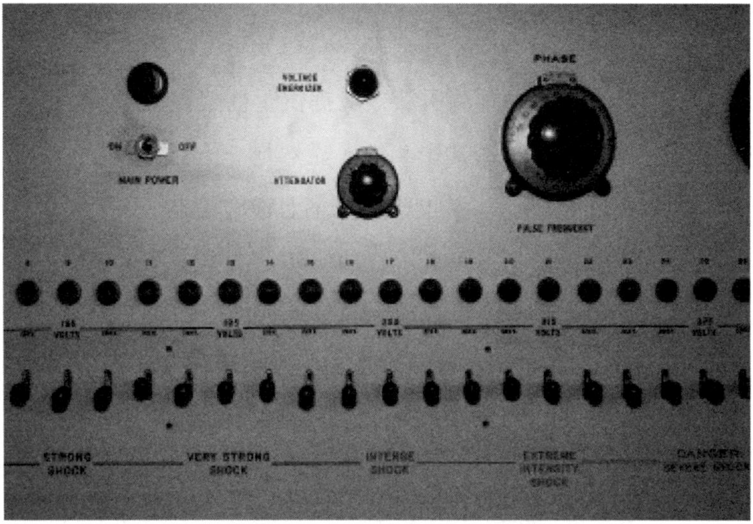

图4 “XXX——危险，强电击！”米尔格拉姆的电击箱

结果大家都错了。尽管预测86%的被试在达到210伏电压时会拒绝指令，但事实上没有一个人这样做；到315伏电压时（学生开始尖叫），大家预测96%的被试会拒绝指令，但只有22.5%的人真正这样做。65%的人服从了米尔格拉姆的指令，直至实施“危险，强电击”的最高伏电压。

为什么人们会一直服从呢？比伯·拉塔内认为，这一切都与社会影响有关。依据他的理论，社会影响取决于三个关键因素：

数量（影响源的数目）、强度（影响源的地位、权力、专业知识等）和直接性（影响源在时间和空间上的接近性），每个因素都可以增强社会影响。以拉塔内在黑暗的房间里逐渐添加灯泡作类比。在数量方面，灯泡数越多，房间就越亮。在强度方面，灯泡的瓦数越高，房间就越亮。最后是直接性：你把灯移向墙壁越近，灯就越亮。

社会影响理论为预测服从效应提供了框架。在米尔格拉姆的研究中，影响源，即施加影响的人显然是一位受人尊敬的科学家（穿着白色的实验服，举止严肃），而且研究是在一个备受尊敬的机构——耶鲁大学——里进行的。还记得第二章里的津巴多监狱实验吗？实验中随机分配的被试很快沉浸在狱警和囚犯的角色中。这是相似的：分配给下达指令者的感知社会角色，赋予其巨大的社会影响强度，使他们在发布指令时能产生更大的社会影响，即使发布指令的只有一个人（社会影响源并不多），也能产生影响。米尔格拉姆下达指令时和被试同处一室，说明有很强的直接性，进一步增加了社会影响。相应地，后来的研究发现，当米尔格拉姆在另一个房间通过对讲机发号施令时，服从率会显著降低（降至40%）。

值得注意的是，当学生成对而非单独参加实验时，服从行为也会降低，也就是说，被试能获得社会支持。还记得第三章阿希的从众研究吗？有明显的社会支持时，从众性会下降。这里也一样：社会影响的数量是相对的，这意味着社会支持可以显著降低服从行为。

低人性化

社会影响理论描述了权威人物施加社会影响的条件，却没有解释所涉及的心理过程。换句话说，人们的头脑中到底发生了什么，使他们能够遵从与道德和伦理准则根本相冲突的命令？低人性化的研究表明，人们可能会为自己的这种行为辩护。

情绪可分为两种类型：主要情绪和次要情绪。主要情绪为人类和动物所共有，例如喜悦、惊讶、恐惧、悲伤。次要情绪更加复杂，是人类独有的，因此被用来区分人类和动物，例如钦佩、希望、愤慨、忧郁。低人性化指的是一种倾向，即把人类特有的次要情绪更多地归于自己或自己所在的群体，而非他人或其他群体。因此，低人性化描述了将他人去人性化的过程。

理解低人性化是很重要的，因为它可以用来证明以可怕的方式对待特定社会群体的成员是正当的。这是因为，如果认定一群人“不如人类”，那么就更容易辩称，他们不应该享有与其他人同等的权利。越来越多的证据表明，对某些少数族裔实行种种不人道的做法，以及去人性化过程，是如何为这些令人发指的歧视形式辩护的。

2007年，艾米·卡迪及其同事的研究证明了低人性化在理解人们对美国一起灾难事件的反应时的重要性。2005年8月，卡特里娜飓风袭击了新奥尔良，洪水淹没了该市80%的地区，造成至少一千八百人死亡，约六万居民无家可归。灾难发生两周后，研究人员向白人、黑人和拉丁裔美国人展示了一则虚构的新闻故事，故事讲述的是一位母亲在飓风中失去了孩子。被试随后被问及他们认为母亲会有什么情绪，以及他们是否打算参加卡特里娜飓风的志愿救灾工作。卡迪和同事发现，白人被试认为，与被认定为黑人的母亲相比，被认定是白人的母亲会经历更多的次要情绪。换句话说，他们在种族的基础上进行了低人性化。此外，没有低人性化的被试更有可能表示打算参加志愿救灾工作。

其他使用脑部扫描技术的研究发现，低人性化与大脑特定区域的激活有关。在描述被高度污名化的群体（如吸毒者和无家可归者）时，如果没有提及次要情绪，那么内侧前额叶皮层的活动会减少，而该区域与高级社会认知有关。事实上，除了被污名化的少数群体外，其他社会群体都会让内侧前额叶皮层激活"点亮"。相反，少数群体激活了脑岛和杏仁核，这两个区域通常会在某人感到厌恶时被激活。这一生物学机制解释了低人性化是如何运作的，以及人们是如何为对少数群体的偏见和不宽容辩护的。低人性化实际上会导致某些脑区的激活程度降低，这些区域通常和识别他人、与他人互动以及将人类与非生命物体区分开来密切相关。

权威主义人格

米尔格拉姆的研究表明，好人会因为强大的他人施加的社会影响而被迫做坏事。低人性化的研究进一步解释了人们如何为自己的不道德行为辩护。但是下达命令的人呢？我们能否把偏见和不宽容归咎于一小部分持有极端观点和意识形态，反过来又善于影响他人的人呢？

早期的社会心理学理论试图理解像大屠杀这样的可怕事件是如何发生的，这些早期理论关注的是那些可能持有极端偏见观点的人，他们在表达中寻求权力并影响他人。这些人格理论中最著名的或许是阿多诺的权威主义人格概念。

阿多诺的工作动机是希望理解（并帮助预防）第二次世界大战的暴行。尽管阿多诺和米尔格拉姆的目标相同，但是研究方法却不同。米尔格拉姆认为，人们之所以服从不道德的命令，是环境中一系列特定因素导致的结果（例如无条件尊重等级制度的文化规范）。相比之下，阿多诺认为，这种仇恨只存在于极少数人之中，而这些"独裁主义者"之所以成为这样的人，是因为他们的养育方式。和本书中描述的其他几个理论一样（如第三章中的认知失调），人格理论也深受弗洛伊德的影响。

该理论认为，孩子在过于严格的方式下养育长大，会对权威产生一种压抑的仇恨。与弗洛伊德的压抑原则相一致，因为这种仇恨不能指向父母（害怕惩罚），就转向较弱的目标。这种被压抑的仇恨会持续到以后的生活中，表现为对移民等少数群体的偏见，因为这些群体是较弱的社会目标，在他们身上更容易释放对（父母）权威人物的挫折感和仇恨。与此同时，由于个人已经学会隐藏自己的真实感受，他们最终会对权威、规则和等级表现出过度恭顺的态度。

尽管阿多诺的理论充满智慧，但最终并没有获得经验证据的支持，尤其是它不能解释偏见的情境、文化或历史差异。比如，一些研究发现，尽管60%的弗吉尼亚矿工在地上遵循种族隔离，但他们在地下是相互融入的。换句话说，在矿井里，白人和黑人同事相处得很好，表现出令人难以置信的友情，但一旦走出矿井，进入种族偏见盛行的更广泛的社会，他们实际上会忽视彼此。如果存在偏见人格这样的东西，这就意味着对群体和少数群体的思考方式是不变的，但这里有因为情境而导致的明显的行为节制。当时的其他研究发现，黑人人口比例较高的美国南部各州反黑人态度更强烈，但在权威主义方面的得分与黑人人口比例较低的州相似。各州偏见文化的这种差异意味着，一份简单的人格量表不足以捕捉偏见的真实本质。最后，人格理论也无法解释纵观历史观察到的全国范围内的偏见升级现象，比如20世纪30年代德国反犹主义浪潮的兴起。

虽然个体差异不能解释社会层面上的偏见，但显然有些人比其他人更有偏见，这一理论对发展社会和政治科学中的人格理论很有价值。当代的一个例子是吉姆·西达尼乌斯提出的人格理论——社会支配取向。该理论认为，我们的社会在一定程度上是由隐性意识形态定义的，这些意识形态要么促进要么削弱地位等级，而人们接受或拒绝这些观念的程度是不同的。

根据西达尼乌斯及其同事的说法，社会支配取向高的人强烈支持社会等级制度，他们的行为方式旨在保持和维护这个等级制度。例如，在美国、加拿大、墨西哥、以色列和新西兰等国家的样本中发现，社会支配取向可以预测针对不同少数群体的性别歧视、民族主义和种族偏见。也有证据表明，社会支配取向高的人支持暂停公民自由，反对移民和同性恋权利。即使在控制了自尊、结构需求、神经质、精神质、传统主义和一些人口统计学因素等其他广泛的个体差异因素后，这些影响仍然存在。

毫无疑问，有些人具有偏见人格，但从根本上说，这在解释现代社会偏见的普遍性方面是有限的，因为人格理论无法解释环境对偏见的影响，也无法解释历史和时间维度上所看到的文化范围内的快速变化。然而，有研究发现了助长不宽容、偏见和低人性化的更普遍的社会心理机制。这些模型没有关注可能预测偏见的人格因素，而是识别可能引发攻击性态度和行为的社会与文化条件。

宣 泄

根据宣泄的理论模型，每个人都能做出攻击性行为。挫折不断累积，压力过大时，需要一个出口，攻击性就是挫折的释放。和权威主义人格一样，该观点的核心是弗洛伊德的精神分析原则。最著名的宣泄方法是挫折-攻击假说。该假说认为，挫折感被发泄在少数目标人群身上，他们被视作替罪羊，为挫折感提供了一个容易的发泄途径。

挫折-攻击假说的档案证据来自霍夫兰德和西尔斯的一项研究。他们发现，19世纪末棉花价格下跌，对美国黑人滥用私刑的现象也增加了。棉花价格低意味着经济萧条，导致了挫折感，挫折感进而导致了攻击。今天，从经济困难和要求收紧移民政策之间的明显联系，以及社会与经济剥夺和世界各地的一系列冲突（如1999年至2001年前南斯拉夫战争）之间的联系中，也能观察到这种关系。

虽然挫折可能是攻击与压迫的原因，但其他社会心理学理论也强调了替代性过程。例如，伯科维茨的兴奋迁移模型提出了认知启动过程（见第二章）。所以，你可能因为工作上的争吵而感到沮丧和愤怒，然后回到家，当伴侣问你今天过得怎么样时，你就对他/她厉声斥责，这可以用转移的挫折感来解释。但也可能是你在工作中感受到的愤怒“启动”了一种更普遍的愤怒状态，进而影响了你和伴侣的互动。同样，兴奋迁移也可以解释为什么经济困难时期反移民情绪会上升，为弗洛伊德式的宣泄提供了另一种解释。

错觉相关

兴奋迁移模型借鉴的是认知理论，而非精神分析理论。认知方法也为不宽容和压迫提供了进一步的解释。具体来说，由于社会心理倾向于走认知捷径，少数群体可能成为替罪羊。错觉相关是认为两个变量相互关联，但实际上两者之间很少或根本没有关联。这是社会心理试图构建关于世界如何运行的预测心智模式的另一种表现。

在他们的经典实验中，汉密尔顿和吉福德要求被试阅读来自两个虚构群体的信息：A组和B组。A组代表多数人，B组代表少数人。一个关键假设是，多数人接触到的“行为数据点”是少数人的两倍，因此为了模拟这种情况，我们提供了两倍于B组的行为来描述A组。重要的是，虽然少数群体B的行为是多数群体A

的一半，但每个群体的消极行为也只有积极行为的一半，这意味着关于两组积极行为的信息是消极行为的两倍。换句话说，群体认同与正面信息和负面信息的比例之间没有实际的相关性。

汉密尔顿和吉福德发现，在接触这些信息后，当随后被要求回忆两组人的行为时，被试回忆起的B组的消极行为比A组的要多得多。也就是说，被试认为少数群体和消极行为之间存在着一种“错觉”相关。

这种错觉相关可以用一种叫作代表性启发式的特殊认知捷径来解释。利用共同发生的事情是相互关联的（即相互预测）这一基本信念，人们假设少数群体会有更多的消极行为。少数群体很小，消极行为不频繁；因此，少数群体也一定是消极的。

错觉相关的现象在媒体上很明显，比如存在于穆斯林和恐怖主义之间，或是美国黑人与枪支犯罪之间。然而，错觉相关不能解释在没有多数人的情况下，负面的刻板印象（例如性别刻板印象）是如何形成的。这就是学习理论的用武之地了。

联想学习

我们在第三章看到，人们很容易学会将积极情绪、消极情绪与民族群体联系起来。同样的过程也可以解释，在童年时期听到对少数群体的负面讨论会导致刻板印象的代际传递。如果一个人经常从父母、朋友或者电视上听到负面特征和预期与特定的类别标签（可以是男性、女性、黑人、穆斯林、波兰人，甚至像“移民”或“寻求庇护者”这样的通用词）成对出现，那么就会形成联想，这实际上和高度适应性机制如何帮助我们学习任何其他关联（比如骑自行车所需要的运动模式）是一样的。这个过度运用适应性机制的案例，导致了一个有争议性的社会议题。

如果这些学习原则适用的话，在面对内群体（自己群体）的人名时，我们应该会自动产生更多的积极联想，面对少数群体或污名化群体的人名时则会自动产生更多的消极联想。内隐联想测试是最常用的联想态度测量方法，其任务是确认被试将积极或消极词汇与内群体或外群体的人名或人脸归类的速度。它通常揭示出内群体偏爱偏差。具体来说，人们更容易将自己的群体（与其他群体相比）和积极词汇联系起来，而将其他群体（与自己的群体相比）和消极词汇联系起来。

内隐联想测试已经确认了基于性别、种族和宗教的内群体偏爱偏差，并发现测试的分数可以预测在诽谤、身体伤害和建议削减犹太人、亚洲人和黑人学生组织预算方面的种族歧视。研究甚至发现，这种效应也存在于最基本的人类语言形式当中。和“他们”（主格）、“他们”（宾格）或“他们的”等词（泛指外群体的指示词）相比，“我们”（主格）、“我们”（宾格）或“我们的”这些指代内群体的通用指示语，会促进对积极词汇的后续反应时间（即在自己的群体与积极词汇相匹配时反应更快，反应时间更短）。

系统正当性理论

除了影响人们对少数群体的态度之外，社会心理还驱动着关于世界如何运行的预测模式的建立，模式一旦建立，就可以维持对少数群体的歧视。约翰·约斯特的系统正当性理论认为，社会心理追求秩序和稳定的倾向表现为一种强烈的维护现状并为之辩护的心理动机，这种倾向迫使人们支持社会支配取向等意识形态。特别是在社会地位等级体系中处于高位的群体将被迫去维持现状并为之辩护，这体现在不愿意改变现有政治制度，或者使用“互补刻板印象”（例如，通过将家庭主妇的地位提升到高于女性商业领袖的地位来为性别不平等辩护）。

该理论一个有趣的隐含义是，有时即便是弱势群体也会积极地维持现状——宁愿维持自己在地位等级中处于不利但稳定的地位，也不去发起会给系统带来不确定性的社会变革。理论有助于解释为什么社会变革有时见效缓慢，或者为什么难以采取集体行动来应对不平等和不公正。

系统正当性理论得到了越来越多的证据支持。例如，研究表明，从当前的政治权力、公共资助优先级和性别不平等的角度来看，人们倾向于认为现状更可取。当系统正当性动机发挥作用时，人们往往会更强烈地认识到族群之间的差异，更把少数族裔当作替罪羊，支持对公民自由实行更大的限制（身份证、不经审判的监禁），更支持强有力的移民政策和反恐法律。

恐惧管理理论

恐惧管理理论概述了另一种迫使人们支持压迫和不平等的驱动力。该理论的基本观点是，和所有动物一样，人类有很强的生存本能。但不同的是，我们能意识到总有一天会走向死亡——

一想到我们终究会死亡这个事实就让我们感到恐惧，把它看作对社会心理渴望寻找世界意义和结构的巨大威胁。根据该理论，意识到我们终将死去，不复存在，回归虚无，造成了一种存在的恐惧，威胁着我们生存的意义。

该理论认为，采用一种文化意识形态（即一套价值观，例如宗教信仰和社会规范）为我们的社会世界提供了结构感和意义感，使我们能够保持生活是有意义的这样一种信念。成为一种有信仰、价值观和法律的文化的一部分，有效缓解了我们对死亡的恐惧，给了我们在自己死后“继续生存”的能力（通过可感知的生活方式的连续性）。系统正当性理论可被看作社会心理在此时此刻渴望稳定和结构的表现，而恐惧管理理论可以被视为这种驱动力跨越时间的表现，甚至在我们死后也能延伸。

所以文化世界观很重要，无论是字面上对来世的信仰，还是象征意义上持久的文化成就，都能让我们超越死亡。如果信仰文化连续性可以保护人们免受存在的恐惧，那么提醒人们人终有一死会增加他们认可和支持这种世界观的需要，从而努力保护这种世界观不受侵犯。这可能会导致为了保护自己的文化世界观而支持对其他群体和文化进行极端攻击。因此，恐惧管理理论与理解为什么人们有时会采取极端行动来保护自己的世界观（如恐怖主义行为）有着明确的关联。

恐怖主义

在压迫、不平等和相对剥夺中挣扎的社会，往往会成为恐怖主义的牺牲品。社会心理学可以提供某些洞见，以了解个体是如何被引导着一步步经历不同的阶段并最终犯下残忍的暴力行为的。穆加达姆提出了“恐怖主义阶梯”模型，这是一个隐喻，勾勒出一个人在激进化过程中逐渐穿过的五层“阶梯”。

底层是对社会特权阶层所传播的相对剥夺、不平等、贫困和不公的感知。这些条件为进入第一层奠定了基础，即个体试图使用合法渠道实现社会变革（如抗议、向政府呼吁）。如果个体对改变现状的尝试感到沮丧，这将通过宣泄导致一种替代性攻击，他人被指责为沮丧的根源，这是第二层。在第三层，个体被招募进恐怖组织，接受了另一种道德准则，开始认为主流社会是不道德的。在第四层，个体被鼓励去从事低人性化活动，逐渐将主流社会的成员都视作不如人类。这使其能够进入第五层，在该阶段，由于平民百姓被看成非人类的，道德和伦理规则被中止，恐怖主义行动得以实施（见图5）。

阶梯式的隐喻表明，恐怖主义行为的根源在于社会不平等、剥夺，以及社会心理随后参与处理由此引起的社会、认知和存在的不协调的心理过程。由于缺乏改变体制的能力而产生的挫折感最终导致了恐怖主义行为，但这种循环是自我延续的。恐怖主义行为正是导致人们支持现状的系统威胁，因为从定义上看，它暗示了个体所处的文化、社会和政治的体系（以及延伸到心理的社会世界）是不稳定的、不安全的、不可预测的。这样，恐怖主义行为就威胁到了社会心理对建立可预测性和稳定性的需求，从而使现状变得更加难以改变，使新的个体又走上激进化的道路。

图5　激进化进程最终导致恐怖主义行为

那么如何打破这个循环呢？社会心理学家认为，为了解决本章所描述的问题，我们最终需要进行分析，将社会中不同群体之间的关系考虑在内。第五章将探讨群际关系理论，这些理论涵盖个体、内群体和外群体之间的感知关系，由此提供了一系列预防偏见、促进更积极群际关系的心理学方法。

第五章

群际关系

到目前为止所研究的社会心理学，帮助我们理解了为什么偏见、刻板印象和社会排斥仍然是我们的世界里普遍存在的问题。像启发式这样的认知偏差会导致错觉相关，所以少数群体（如穆斯林或移民）似乎与恐怖主义和经济衰退等坏事的发生有关。我们已经看到挫折如何转变为需要释放的攻击性，少数群体如何成为宣泄过程的“简单选择”。我们也看到少数人是如何具有偏见人格，如何通过社会影响迫使他人遵从他们的世界观，或者如果他们处于领导地位，甚至迫使他人服从不道德和错误的命令。

所有这些心理过程都会导致不平等、不宽容和排斥；然而，它们只讲述了故事的一半。为了充分理解社会冲突的动态，我们不仅需要考虑个体对其他群体的看法，还需要考虑他们对内群体与外群体之间关系的看法，即采取所谓的群际视角。认识到个体自我范畴化（自我归类）为特定群体的成员，并采取一种“群际心态”（即从群际竞争的角度，而非个人的角度去思考），对我们理解群际关系具有深刻的启示。这些启示首先是由穆扎弗·谢里夫在社会心理学的一个关键研究项目中发现的。

夏令营研究

除了社会影响方面的开创性工作（见第三章），谢里夫还开展了一些经典研究，为接下来六十年的群际冲突研究奠定了基础。这次谢里夫没有着眼于社会影响研究的主要内容——群内过程，而是将注意力转向了群际过程。群际过程关注的是内群体和外群体之间的比较如何影响态度和行为，特别是在偏见、不宽容和冲突方面。

谢里夫提出，群际敌意的核心是“现实的”利益冲突。换言之，他认为冲突是相当理性的，是作为一个朴素科学家思考的结果。根据他的现实群体冲突理论，偏见和敌意的根源在于对稀缺资源的竞争：资源越稀缺，敌意和冲突就越大。

从表面上看，这似乎是合理的。群体之间的利益冲突比比皆是（例如前南斯拉夫、北爱尔兰和中东），在所有这些情况下，冲突都（或至少部分）围绕着对土地或石油等资源的争夺。它也可以解释反移民情绪，以及这种情绪在经济衰退时期是如何增长的（即工作岗位的匮乏可能预示着资源稀缺）。

为验证该理论，谢里夫设计了一系列准实验纵向研究，20世纪50年代在俄克拉何马州的罗伯斯山洞州立公园内进行。谢里夫利用了一群11—12岁的男孩每年夏天都会去露营几周，参加划独木舟、爬山及其他竞技运动这一北美传统。他意识到，这个长期存在的传统可以为全程观察从群体成立到解散的群际行为提供理想的环境。这样，他可以避免研究既定社会群体所带来的干扰影响，例如政治、经济和历史因素的介入，会使起作用的心理过程变得模糊不清。这是测试竞争如何影响群际冲突完美的“培养皿”。

这项研究包括三个阶段。在第一阶段，男孩们刚到营地，对彼此还一无所知，就被完全随机地分成两组，并且在夏令营的两周时间里，这种分组方式保持不变（营地以团队竞争为基础，任意分组完全符合研究人员的兴趣）。分组刚完成，谢里夫就在两组之间观察到了自发的竞争建议和社会比较，群体图标也随之产生。也就是说，男孩们一分成两组而被赋予不同的群体标签后，他们就提议要彼此竞争。他们开始互相奚落（比如“你们组烂透了！”）。一组自称“响尾蛇”队，另一组自称“老鹰”队（见图6）。有趣的是，在很短的时间内，两组就制作出一些代表各组的动物图标，并将图标旗悬挂在他们（单独的）宿舍房上面（每组都有独立的居住区）。这表明“社会”认同开始有了初步的发展。

观察到群体划分的直接影响后，谢里夫在第二阶段引入了他认为可能导致群际冲突的关键因素：竞争。他再次利用了夏令营的典型元素：群体之间的竞争性游戏。所涉及的资源是奖章和折叠刀等珍贵的奖品。包括棒球比赛和拔河在内的游戏让两组之间的关系陡然紧张，最终两组甚至相互攻击对方的图标。有天晚上，一组竟然烧毁了另一组的图标旗，洗劫了他们的宿舍！群体间的环境似乎已经开始支配男孩们的行为，以至于人际关系的思考几乎完全被抑制。在这个阶段，93%的男孩们的友谊都建立在群体内部。

图6　在谢里夫的夏令营研究中，男孩们分组后产生了自发的竞争建议

在第三阶段，谢里夫想知道引入合作目标能否减少冲突。研究人员故意安排男孩们乘坐的巴士在早上活动结束返回的路上抛了锚。之所以这样安排，是因为只有两组通力合作，才能使他们的车子再次发动起来（并及时赶回营地吃午饭）。观察发现，两组之间的合作确实减少了相互之间的冲突。

谢里夫的夏令营研究影响巨大。这是第一次有人系统地研究群体竞争的行为后果。重要的是，研究表明，人格差异不是群际冲突的必要条件，而竞争可能是一个充分条件。这项工作将研究从个体焦点或人际框架转移到群际视角。

那么，这是否意味着所有的冲突都源自对资源的竞争呢？在谢里夫的研究里，对另一组的自发贬损发生在第一阶段，此时男孩们刚被划分成两组。这表明，仅仅分类——仅仅意识到群体差异——就可能足以激发群际冲突。若干年后，仅仅是分类或范畴化就会导致冲突的观点在实验中得到证实，该实验成为社会心理学史上最具影响力的实验之一。

最简群体范式

20世纪70年代，英国布里斯托的一位社会心理学家亨利·泰弗尔对理解冲突的起源颇感兴趣。作为第二次世界大战期间的一名战俘，泰弗尔目睹了社会范畴为恐怖暴行提供基础的可能性。他想了解简单的社会标签是如何导致这些暴行的，这促使他发展了社会心理学领域中最重要、最具影响力的社会范畴化研究。

泰弗尔开发了一种被称为最简群体范式（MGP）的实验技术，创建了临时的（或“最简的”）分类基础，包括对所涉群体的差别待遇措施和评估措施。在泰弗尔最初的实验中，被试是学校中的孩子，他们被随机分成两组（和谢里夫的夏令营研究相似）。研究人员让他们看了两名抽象画家保罗·克利和瓦西里·康定斯基的画作图片，然后要求他们记录对每幅画的喜爱程度，假装根据这些偏好将被试分配到两个最小组——“克利”组和“康定斯基”组。然而，这种反馈是由研究者设计的，并且分组实际上是完全随机的。

在实验的下一阶段，被试使用分配矩阵给自己组（内群体）和其他组（外群体）成员分配点数，他们可以自由采用自己希望的任何分配标准。点数通过系列决策矩阵来分配，在矩阵的每一列中，被试通过叉号来表示内群体成员和外群体成员应该得到多少。

对于最简群体范式的行为解释，还有另外两个关键标准。一是群内人员的个人身份是未知的，仅通过个人代码和群体成员身份进行识别；在决策矩阵中，个体之间的唯一区别是随机代码（如个人数字代码："419"）和他们的群体成员身份（比如是"克利"组的还是"康定斯基"组的）。这意味着做出差异性分配唯一可能依据的就是群体成员身份，因为个人的历史、态度或印象根本无从得知。

二是被试不能给自己分配点数。这意味着被试不会从点数分配中获得个人利益，因此不存在资源竞争，内群分配和自身利益之间没有联系。换句话说，观察到的任何差异性分配都说明，除了谢里夫的"理性"经济解释之外，还存在其他的原因。

泰弗尔和同事观察到了被试的持续性倾向，他们给自己组的人分配的点数比给其他组的人分配的要多。因此，仅仅进行范畴化就足以引发群际偏见，想想这意味着什么。泰弗尔在这里发现了一种倾向，即使在群体身份毫无意义的情况下，即使过去和其他群体之间没有互动，没有冲突的历史，也没有一丁点儿的自身利益，人们也更倾向于支持自己的群体。

最简群体范式的独特之处在于，群体确实代表了社会范畴化的最基本形式。与由国籍、宗教或年龄定义的真实社会群体不同，这些群体没有经济失衡、政治动机或过往的互动。该发现表明，如果剔除所有可能加剧群际冲突的经济、政治和历史因素，群际冲突的基础是一个心理核心，一种偏爱"我们"而非"他们"的持续性倾向。

泰弗尔的初始研究虽然具有开创性，但并不完全是最简的。批评者认为，解释偏见的不仅仅是范畴化，还包括对信念相似性的推断。换句话说，被试可以推断，和他们在同一组的人也喜欢相同的抽象派画作，这可以概括为其他人格特征。简而言之，他们可能已经推断出，那些和他们一样喜欢抽象画的人可能在其他方面与他们相似，因此可能是他们喜欢的人。

为了解决这个问题，毕利希和泰弗尔进行了一项“超最简”群体研究。这次，他们将最初基于“对绘画喜爱”的最简群体范式分类与基于简单掷硬币的分类进行了比较。如果纯粹范畴化效应真的存在，那么即使在掷硬币的情况下也应该存在偏好。事实正是如此。信仰相似性确实增加了偏见，说明和竞争一样，这是一个加剧性因素。然而，在掷硬币的情况下偏好仍然存在，支持了纯粹范畴化是群际偏见的核心这一论断。

纯粹范畴化效应

采用不同的人群分类方法与评价措施开展研究，都发现存在纯粹范畴化效应。这一发现很重要，说明除了经济、政治或历史因素外，偏见还有一个心理核心。然而，如果存在一个心理过程，为使用社会范畴化作为偏见和不宽容提供基础，那它会是什么呢？

泰弗尔最初的最简群体范式研究提供了线索。这些研究有趣的地方在于，被试得到不同版本的“矩阵”用来奖励点数。矩阵由一列列组成，被试可以给内群体和外群体的成员分配不同的点数。重要的是，被试只能选择一个方格，这意味着他们给两个群体的点数不是独立的；相对的点数数量是固定的，取决于选择哪个格子。之所以这么做，是因为他不仅可以研究给予内群体和外群体的点数总和，还可以测试被试使用了哪些分配策略。

为了说明这一点，我们假设格子1包含分配给内群体成员的25点和给外群体成员的21点；格子2包含给内群体成员的7点和给外群体成员的1点。如果被试选择格子1（25/21）而非格子2（7/1），证明运用了最大化内群体利益策略，因为被试选择的是给内群体点数最高的格子。

这很简单，但被试也可以选择格子2（7/1），说明他们对最大化利益不感兴趣，而是关心通过点数的分配最大化内外群体之间的差异。这是因为虽然格子1会给内群体25点，但也会给外群体21点，内群体只比外群体多4点。相反，选择格子2会牺牲内群体的最大利益（即格子1本可以为内群体提供25点，格子2只能提供7点）。但关键是，选择格子2会在内外群体之间产生更大的差异（7−1=6）。

果然，泰弗尔发现被试普遍倾向于选择格子2而非格子1，采取的是最大化（内外群体）差异策略。换言之，对参与泰弗尔研究的人来说，内群体拥有的点数比外群体多比本身拥有的点数多更为重要。这一发现揭示了社会环境在塑造人们行为方面的真正力量。我们不只是想要资源，我们想要与众不同，即使这意味着牺牲整体收益。

最大化差异可以用范畴分化模型来解释。该模型认为，我们倾向于将同范畴内的所有人都看作彼此相似。相应地，我们也自然倾向于认为，不同范畴的所有人都和我们迥异。这样做的好处是让事情变得简单，以便更有效地处理直接环境中有关人的信息，从而更容易、更省力地做出判断。这种内隐动机可以解释纯粹范畴化效应。具体来说，人们渴望创造简单而独特的个人社会环境的表征形式。然而，在最简群体范式下，群体之间彼此相似，他们唯一能做的就是给一个群体而不是给另一个群体分配更多的点数，以此突显两个范畴成员之间的差异，创建明确的两类系统。

范畴分化可以被看作社会心理再次试图将秩序、结构和意义强加于社会环境。这正是最简群体范式中范畴分化的要点：它使被试能够处理不确定的情况。被试牺牲自己的利益，只是为了让他们的群体看起来与对立的群体更加不同，这样做满足了他们让世界尽可能简单和容易预测的动机。

范畴分化阐明和定义了社会情境，提供了预测外群体行为的方法，以及指导感知者的规定性内群体规范。因此，群体成员会积极地去维护范畴分化所提供的确定性和明确性（或是在确定性和明确性受到威胁时积极地去减少不确定性）。与该观点一致，许多研究表明，对范畴“系统”的威胁会导致消极的，有时甚至是攻击性的反应（参见第四章对系统正当性理论的讨论）。例如，我自己的一些研究比较了被试和实验组的回答，要求前者简单地评价英国和法国，后者阅读一段主张将成员国解散为“欧洲合众国”的段落。研究发现，在后一种情况下偏见最高，尤其是对那些把英国人身份看作自己身份重要组成部分的被试来说。

虽然范畴分化机制解释了人们希望自己的群体与众不同和差异化的原因，但在最简群体范式中观察到的一种趋势很难解释。如果对群体来说，最重要的是独特性，那么为什么不通过给其他群体更多的点数来达到这一目的呢？在最简群体范式中，发现了内群体偏好的差异性（即选择的格子是给内群体7点、外群体1点，而不是给内群体1点、外群体7点）。范畴分化模型不能解释这种偏好自己所属群体的差异化趋势。

为解释这一发现，泰弗尔和约翰·特纳提出了社会认同理论。该理论提出，除了通过范畴分化来实现清晰、结构和可预测性的一般愿望之外，我们也会使用群体来提升自尊。想想自豪感的来源：你所在学校或大学取得的成就，你就职公司的地位，或是你支持的足球队赢得比赛时你的感觉。我们不仅为个人的成功感到高兴，还间接地享受我们所属团体的成功。

罗伯特·恰尔迪尼称之为“沐浴在荣耀下”，他观察了球迷在支持的足球队输球和赢球后的不同表现而创造了这个术语。和输掉比赛相比，获胜后球迷更有可能戴上与球队相关的围巾、帽子和其他标志，而且佩戴的时间更长。恰尔迪尼还发现，获胜球队的球迷高频率地使用了集体代词（我们赢了！他们输了！）而不是像“我”这样的人称代词。

所有这一切都显示了沐浴在荣耀下——自觉地把自我归类为内群体成员，以营造对自己群体的积极感受。事实上，人们希望自己的群体从一开始就给予他们积极的自尊。回想一下谢里夫夏令营研究中的群体分类阶段，群体图标是如何在两组分配后立即创建的。创造积极感受的愿望，甚至会促使人们主动尝试提高所在群体相对于其他群体的积极性，这正是在最简群体范式中发生的。因此，虽然范畴分化构成了歧视的基础，但获得积极社会认同的愿望提供了偏爱自己群体的动机。

减少偏见

再回忆一下谢里夫夏令营研究的第三阶段。谢里夫发现，在该阶段的合作减少了两组男孩之间的偏见。事实证明，这一示范成为社会心理学家随后开发的促进宽容最有效的方法之一。依据共享内群体认同模型，群际合作会导致“再范畴化”——这是一个认知过程，人们从双群体表征（“我们”对“他们”）到单一、包容的“共享内群体”表征。

其观点是，如果范畴化是如此普遍的一种社会世界的组织方式，那么试图阻止人们这样做是毫无意义的（事实上，有研究表明，当你试图让人们抑制其刻板印象时，它们稍后会再次“反弹”）。正如我们所见，毕竟它们是预测人们行为极其有效和简单的方法。然而，我们不能阻止人们范畴化并不意味着不能改变他们范畴化的方式。该观点认为，合作之所以有效，是因为它改变了人们范畴化倾向的焦点。它让人们不再关注“我们”对“他们”，而是在“我们”这样一个更包容的层面上进行范畴化。

有大量证据表明，合作互动（建立共同目标）会增加人们在

“我们”对“他们”的层面上放弃范畴化的倾向，转而采取共享内群体认同。在一篇发表的基于泰弗尔最简群体范式的实验研究中，被试以分离（AAABBB）或整合（ABABAB）方式围坐在桌旁。研究人员给他们起了不同的小组名，或是给所有被试起了一个共同的名字，或是给他们起了个人的“昵称”。对应上述三种情境，即“双群体”情境（被试分离列坐）、“聚合群体”情境（被试整合列坐）、“个体集合”情境（被试整合列坐，但保持个人“昵称”），被试完成一项解决问题的练习，要分别给出原初群体、聚合群体、个体的决定。

研究人员发现，与“双群体”情境相比，在“聚合群体”和“个体集合”的情境下，群际偏见都有所减少。但有趣的是，两种情境下偏见减少的实现方式不同。在“聚合群体”情境下，偏见的减少源于先前外群体成员吸引力的增加；相反，在“个体集合”情境下，偏见得以减少源自先前内群体成员的吸引力下降。这是因为重新范畴化通过将原来的外群体成员纳入更具包容性的共享内群体之中而起作用，而个体化的作用在于鼓励人们放弃将范畴化作为构建现有环境的一种方式（这样内群体成员就不再看起来更相似、更具吸引力）。

后续研究支持了形成共享内群体认同所产生的积极和独特的影响，并表明这不仅仅是合作造成的。研究发现，让人们穿上相同颜色的实验服，使用相同颜色的钢笔，或是仅仅想到共同之处，都能创造出共享内群体认同（并减少群际偏见）。这些发现与减少偏见的实际方法产生了共鸣，并对其进行了解释。现场实验显示，当课堂任务的设计旨在促进合作的相互依赖而不是强化差异（如种族或性别）时，就会增加容忍度，减少偏见，因为此类任务减少了现有群体差异的显著性，从而增加了共享内群体认同的显著性。

接触假说

让群体一起工作可以抵消社会心理对群体进行分类和区分的倾向，从而建立更积极的群际关系，这是戈登·奥尔波特开创性思想的核心，他称之为接触假说。奥尔波特的想法是，接触只会在特定条件下减少冲突（例如，当接触采取合作互动的形式时）。有关这些条件的大量研究，已经为促进积极群际关系的成功策略如何奏效提供了路线图，其包含四个关键标准。

首先，必须建立有利于平等的社会规范。换言之，必须有社会和制度的支持，以减少偏见，推动形成一体化、有凝聚力的社会。因此，社会条件（政府的政策、学校、法律）都应该促进融合。该条件之所以重要，有着充分的心理学原因，因为它触及社会心理追求稳定和结构的最基本机制。

还记得第三章的认知失调理论吗？当态度与行为不相符时，人们内心会感到不愉快，会努力避免这种失调产生，因此被迫改变他们的态度以适应其行为。由此可见，防止歧视的社会政策和立法最终会导致态度的改变。

以坐在汽车的后座上要系安全带为例。1991年英国出台这项法律的时候，许多人认为这是“（管理过度的）保姆式国家”在侵犯人们的私生活。然而，现在很少有人会反对系安全带。这个例子很好地说明了，人们对新法律的态度是如何随时间的推移而改变的。同样的过程也可能发生在有关种族虐待和歧视的法律上：最终它们可能会通过减少认知失调的过程获得广泛支持。实际上，为了满足这一制度支持条件，可以开办旨在促进更积极的群际关系的讲习班，并由地方当局的人士（例如组织过课堂活动的教师）负责管理。

成功接触的第二个条件是潜在的相识机会。研究发现，接触必须有足够的频率、持续时间和亲密程度，这样有意义的群际关系才能发展起来。实际上，可以通过确保群体以交叉范畴化的方式（即从多元维度划分群体类型，如“拼图教室”）一起工作来实现。这将确保范畴界限不会（像谢里夫的夏令营研究中那样）被用来定义友谊。

第三，接触必须在社会地位平等的条件下进行。如果少数群体以低人一等的姿态与多数群体的成员接触，那么少数群体的负面自卑感很可能会长久存在。因此，每个群体成员都应该承担同等的责任，这将确保不存在责任扩散（或“社会懈怠”，见第三章）。

最后，接触必须采取合作互动的形式。正如我们在谢里夫的夏令营研究中所看到的那样，合作是可观察到的冲突减少的必要条件。当合作以相互依赖为特征，团队产品能获得团队奖励时，合作会更加有效。确保结果符合所有成员的共同利益，能最大限度地发挥两个群体的被试形成共享内群体认同的潜力。

对接触的额外说明

接触是心理学中研究最广泛的概念之一。已有五百多项研究揭示了，在接触和宽容之间存在稳健的、极其显著的正向关系，然而对其有效性要做个说明。在适当的条件下，一旦你把群体聚集在一起，接触的确是有效的；但是，如果没有接触的机会呢？例如在美国，白人居住的社区通常只有一小部分黑人居民；在北爱尔兰，很少有儿童就读天主教-新教混合学校；此外还有塞浦路斯的“绿线”和以色列的西岸隔离墙。似乎在许多最需要接触的地方，发生接触的机会却最少。

解决问题的方法可能是将心理意象技术应用于群际关系。心理学诸领域的研究发现，心理意象可以引发接近于真实体验的情绪，想象执行了一项行为和真正的行为本身有着相同的神经通路。心理意象技术也被应用心理学家广泛应用于各领域。例如，有帮助运动员达到最佳表现的意象技术，有临床心理学家用来应对恐惧症的系统脱敏疗法，有通过饮食和锻炼促进健康生活方式的技术，还有用来提高学业成绩的教育技术。

想象性接触研究，为实践中难以实现面对面直接接触的群体提供了一种启动群际接触的方式，认为在心理上模拟积极的接触体验近似于接触本身带来的想法和感受，让被试想到将来要和该群体接触时多了舒适、少了担忧，反过来会减少消极的外群体态度和期望。

研究支持了如下观点：想象性接触可以减少群际偏见，增进人们未来接触的意向。值得注意的是，研究发现，想象性接触提高了积极的接触脚本和图式的可得性（见第二章）。这说明意象技术是有用的，它直接激发社会心理意欲构建一个关于世界如何运作的心智模式的愿望。有引导的想象性接触意味着，模式不是建立在负面的刻板印象和期望之上，而是建立在积极的社会关系的前景之上。因此，想象性接触是一个很好的例子，说明了解社会心理的基本机制可以帮助我们制定基于理论和研究的策略，从而使世界变得更加美好。

亲社会行为

对想象性接触的研究表明，促进积极的心理脚本能直接激发并利用社会心理意欲建立社会关系心智模式的愿望。该观点可能不仅是鼓励更积极的群际关系的关键，也是鼓励更多亲社会和亲社区行为的关键。

在一项关于“社会互动”的研究中，要求女性被试与另一位友好的女性（其实是实验同谋）互动。当研究结束后两位女士离开实验室时，研究人员问她们是否愿意承诺献血。当实验同谋先被问及并签名表示愿意献血时，67%的研究被试也同意献血。相比之下，当被试首先被问到时，只有25%的人同意献血。

这项研究被看作社会心理形成定向、积极的行为脚本的证据。事实上，更多当代的例子已经证明，从间接视角看待亲社会行为会对亲社会行为产生影响。例如，有项研究要求被试玩一款亲社会的电子游戏，游戏玩家必须保护小动物不从悬崖上摔下来。玩过游戏后，被试报告说反社会思想的可及性降低了，模棱两可的行为被认为具有攻击性的可能性也降低了。相关研究发现，在随后的任务中，玩过亲社会电子游戏的孩子更有可能去帮助而不是伤害另一个被试。

总而言之，对观看亲社会行为的研究表明，替代性媒体体验能鼓励社会心理产生更积极的心理脚本。这些脚本在做出后续相关判断或执行相关的未来行为时可以被认知，这样做，它们从总体上促进了个人更积极的亲社会取向。应用社会心理学的相关研究正在开发新的培训技术，可应用于政府、学校和企业，以帮助建立一个更加积极、和谐和宽容的社会。

第六章

爱情与其他吸引力

这本书和一般的社会心理学在很多方面都关涉人际关系。我一直在谈论我们与他人的关系：陌生人、社会、群体和集体。我们已经讨论过如何解释他人的行为（第二章），他人如何改变我们的态度（第三章），人们如何对他人不宽容或具有攻击性（第四章），以及我们如何鼓励群体之间建立更积极的关系（第五章）。当然，在这些情况下谈论的人可以是朋友、爱人或熟人，但我还没有真正深入地研究过此类关系。在最后一章，我将深入探讨人际关系这一最基本，或许也是最有影响力的社会关系。

排　斥

为什么我们会被彼此吸引？作为社会性动物，人类进化出与他人建立联系的生物学需求。对于这一点，最好的证明莫过于观察当从属关系被拒绝或剥夺时会发生什么。排斥描述的是被一个社会群体排斥在外的社会过程，从在学校被冷落、取笑或欺负，到晚上外出时被同事回避，再到脸书上被“好友取消关注”，可能无所不包。

我们都知道被排斥的感觉很不好，但社会心理学实验揭示的是，其影响范围之广令人难以置信。不只是朋友、爱人或同事在排斥我们时让我们感觉糟糕。研究表明，即使我们不认识对方，甚至看不到他们，被排斥也会让我们感觉不好。

在线讨论研究或专门设计的电脑游戏都证明了这一点。在一项研究中，威廉姆斯和贾维斯让人们玩一款名叫赛博球的游戏（见图7）。在游戏里，屏幕上的三个卡通人物互相扔球（每个卡通人物显然是由不同房间的被试操作的，事实上只有一个真正的被试，另外两个卡通人物的行为是由电脑编程的）。在电脑控制的人物互相（包括给真正的被试）扔了一会儿球之后，情况发生了变化。电脑受控人物逐渐减少了把球传给真正被试的次数，最终完全不给他们传球。这种排斥对被试产生了巨大的影响——他们后来报告说，他们的自尊心降低了，“有意义的存在感”也降低了。很难相信，这个简单而平凡的游戏会对被试产生如此大的影响。卡通人物显然是被另一个房间的陌生人控制的，人们可以

图7　赛博球游戏中的卡通人物

想象，如果被朋友或伴侣排除在外，会产生怎样的负面影响？

更奇怪的是，即使被试知道卡通人物是由电脑控制的，他们的感觉也一样糟糕。我们似乎无法关闭大脑中控制我们对被排斥做出反应的那部分。其他例子则进一步表明，如果我们不喜欢或鄙视那些排斥我们的人或群体，我们仍然会感觉不好。例如，有项研究发现，即便受到三K党的排斥，也会让人产生所有与排斥相关的负面情绪。

如何解释这种遭受排斥后产生的普遍而极端的反应呢？我们对从属关系的需求，是社会心理最基本的表现形式，帮助我们建立起对自己周围的世界有预测性、有意义的模式。这种欲望可以追溯到人类思维的进化，排斥具有一种深刻的本能反应，反映了真实的痛苦体验。最近的脑成像研究表明，当人们被排斥时，他们大脑的同一区域会“亮起来”，就好像他们正在经历身体上的疼痛。换句话说，被排斥的社会“痛苦”会导致与造成身体伤害完全相同的生理反应。

这说明，我们实际上会本能地避免排斥带来的社会痛苦，就像我们本能地避免身体上的伤害一样。这是因为从进化论的角度来看，当人类能够将他们的技能集中于群体、部落、聚居区和集体中时，他们会更强壮、更富有生产率。对我们的祖先来说，被排斥在外的前景——因此不得不自谋生路，为自己而战——可能是对生存最大的威胁。想想牙痛，它是如何被视为一种进化的适应性机制，确保我们照顾好自己的牙齿的（一旦失去牙齿，我们的祖先就会挨饿）。同样，我们的身体和心灵也告诉我们，为了生存我们需要其他人，所以当受到排斥的威胁时，我们能够感受到真正的痛苦。这有助于解释为什么人类是一个如此社会化的物种，并且具有如此强大的与他人联系的能力。

从属关系

所以我们有一种内在的归属欲望，然而是什么决定了我们从属于谁呢？虽然我们生来就有一些从属关系（种族、国籍、性别），但也有自己选择的从属关系（朋友、爱人）。那么当我们有选择的时候，什么决定了我们想要和某人交往呢？

一个关键性决定因素是相似性。研究发现，无论从身体特征、兴趣、价值观、宗教、人格还是背景来看，都是物以类聚，人以群分。当被试阅读一组问卷答案时，那些表明与被试观点一致态度的回答，比那些表明不同态度的回答更受欢迎。这可以被看作社会心理在为他们的社会环境创造了一个稳定的、可预测的模式。和我们相似的人更容易被预测，因为我们知道自己的行为方式，所以可以推断出在特定情况下，相似的人也会像我们一样行事。要预测相似的人的行为，我们有最好的模板——我们自己！

相似性预示可预测性的方式可能是根深蒂固的，以至于它本身已成为一种启发式。根据匹配假说，人们相信吸引力相似的人在一起会更快乐（见图8）。海德的社会关系平衡理论认为相似性很有用，它使社会和谐感得以实现。因此，如果两个人喜欢同一类型的电影，那么在决定去哪里约会时，发生争吵的可能性就会降低。从进化论的角度来看，这也反映了重要的生存本能。和我们持相同态

"Hey, opposites attract."

图8　异性相吸吗？研究表明，相似性实际上是吸引力更有力的预测指标

度的人更有可能与我们并肩作战，而不是与我们作对。

这个过程是动态的，正如我们在第三章认知失调研究中所看到的那样。因此，当态度与行为不一致时，就会导致不愉快的失调。这种失调可以通过改变态度使其与行为一致来予以消除。这种情况也可能发生在维持人际关系的人与人之间。如果两人意见不一，通常他们不只是同意不同意见，而是一方经常改变其

观点来与另一方保持一致，从而恢复平衡与和谐。

焦　虑

纽约“9 · 11”恐怖袭击后，研究人员在实验被试的衣服上安装了数码录音器。在袭击发生后的十天内，他们发现人们从打电话交谈更多地转向面对面交谈。这似乎是一种应对机制，帮助他们应对袭击带来的压力。

这项观察性研究支持了以往实验研究的发现，将共同的焦虑确定为从属关系的刺激因素。例如，在一项研究中，被试被告知作为研究程序的一部分，他们将接受痛苦的电击。在被告知这一点（可能会引起焦虑）后，被试可以选择在私人等候室独自等待，抑或和其他被试一起在公共等候室等待。结果63%的人选择与其他被试一起等待，说明焦虑促使我们去寻求社会支持。

鉴于我们已经看到了社会支持的好处，这是有道理的。回想一下阿希的从众研究，或是米尔格拉姆的服从研究。在这两种情况下，社会支持都是被试有能力对抗他人的关键所在。此处，社会支持提供了面对令人焦虑的情况时急需的情感支持，有趣的是，当让被试选择与谁一起等待时，他们也特别选择了和同样参与这项研究的人一起等待，说明在这种情况下，共同经历的焦虑是社会支持的关键。

错误归因

体验焦虑不仅会导致归属的欲望，还会进一步引发强烈的性吸引力。我们对情绪的体验基于两件事：生理唤醒和我们对唤醒原因的解释，意味着当我们感到焦虑时，有时可以通过观察别人来试图了解自己的生理状态。换句话说，我们执行了一个归因过程（让我们回到第二章描述的过程）。

回忆一下，归因是社会心理用来找出人们行为原因的过程——无论是情境的还是性格的。当我们试图找出他人行为以及自己行为的原因时，这个过程就会起作用。当这种归因过程发生在我们感到焦虑的环境中时，可以观察到一些有趣的效应。

在一项现已成为经典的研究中，达顿和阿伦进行了一项调查，分别针对的是几组穿过稳定的索桥或站在高得吓人的索桥上的男性被试，让他们创作一个关于他们想要的任何东西的故事并写下来。实施研究的女性研究人员发现，站在高得吓人的索桥上的男性更有可能在故事中使用性意象，而且更有可能在事后打电话向她询问研究的“更多细节”！

这项研究表明，基于环境中最显著的因素，人们有时会将感觉错误地归因于另一种原因。研究中的男性被试将他们站在摇摆的高得吓人的索桥上产生的焦虑，错误地归因于对女性研究人员的性觉醒。

该实验是关于错误归因的，但也告诉我们很多恋爱时的感受。当我们遇上那个特别的人时，会产生一系列的生理效应，其中很多类似于感到焦虑（心跳加速、忐忑不安等）。当我们潜在的恋人显然是这些感受的起因时，我们就很容易把自己的感受归因于对其萌动的爱意。

进 化

面部匀称是衡量外表吸引力的一个公认标准，而面部匀称与基因、身体和心理健康有关，从进化论角度解释了为什么某些人被认为比其他人更有吸引力。然而，很难将这种解释从社会建构的解释中分离出来，后者认为社会只是规定了某种特定的“长相”是可取的。毋庸置疑，文化和媒体会影响人们对吸引力的看法，但桑希尔和甘格斯泰德进行的一项有趣的研究表明，进化至少在解释吸引力方面发挥了一定的作用。

研究者测量了八十名男性被试的面部匀称性，然后给他们一件干净崭新的棉质衬衫，让其在睡觉时穿，并且要穿两个晚上。交回的衬衫请女性被试逐一闻过，并对每件衬衫的舒适度和性感度进行评价。研究的发现令人难以置信。尽管从未见过穿衬衫的人，但女性评分者的喜好与衬衫主人客观测量的面部匀称性之间存在正相关。换句话说，女性更喜欢那些面部匀称的男性的衬衫。

更有趣的是，衬衫气味的喜好与面部匀称性的关系只发生在即将排卵的女性身上。从进化论角度看，这说明男性释放的信息素包含了他们基因健康的信息，而处于最强生育能力期的女性会察觉到这一点，这样做有助于增加受孕后生育最健康后代的机会。

进化过程也与男性对红色的明显易感性有关。最近的研究发现，红色会让男性觉得女性更有吸引力、更性感。值得注意的是，红色似乎并不会让女性对女性更具吸引力，也不会影响其他判断标准（如爱好或智力）。这一点，加上在灵长类动物身上观察到的类似效果，支持了男性对红色的偏好有进化起源这一观点。

最后，另一个进化理论是外貌-地位交换原理。一项在三十七个国家开展的调查发现，男性更喜欢年轻的女性，女性则更喜欢年长的男性。从进化论角度来看，生活在原始栖息地的女性要寻找能够为后代提供安全且资源丰富的环境的配偶，而原始的男性要寻找可能处于生育年龄和基因健康状况良好的女性。

然而，也有一种社会文化的解释。从历史上看，男性拥有权力和地位，而女性则被物化，仅以她们的外表美来衡量。虽然有证据证明了外貌-地位交换现象的存在，但也有证据表明，该现象随着社会的变化而变化（为社会文化解释提供了更有力的支撑）。一些研究发现，40岁以下的女性越来越多地寻求潜在男性伴侣的吸引力，而男性不再只对相貌感兴趣，而是越来越多地追求成功的、社会地位更高的女性。

依　恋

一旦坠入爱河，是什么决定了我们在这段关系中的行为方式，以及我们对这段关系的满意度？根据社会渗透理论，我们一开始会逐渐向伴侣透露自己更多的私密细节（从表面信息到更深入和私人的话题），这样会慢慢建立起亲密关系。然而，如果信息透露得太快太多，会让人感到不舒服，互动可能会变得生硬，关系甚至会遭到破坏。为避免这种情况，人们通常遵循互惠准则（匹配彼此的自我表露水平)。

从一段关系的早期阶段直至关系的存续期间,自我表露都由我们的依恋风格决定。依恋理论最初由约翰·鲍尔比在1969年提出,作为理解婴儿如何与他们的主要照看者(通常是母亲)建立关系的框架。该观点后来得到拓展,人们根据儿时与主要照看者的经历形成不同的依恋风格,这些风格决定了他们在以后的人际关系中如何待人接物,以及如何看待他人。

根据这一理论,如果照看者对孩子的需求反应灵敏,就会发展出安全型依恋风格。如果照看者不能对孩子的需求做出一贯的反应,孩子就会形成回避型依恋风格,在今后的生活中很难相信他人。如果照看者对和孩子互动不感兴趣,孩子就会形成焦虑/矛盾型依恋风格,在今后的生活中渴望形成亲密的人际关系,但不相信自己是值得被爱的。

尽管童年时期的依恋风格是否会迁移到成年期还存有争议(成人的依恋风格可能是在后期形成的),但不同依恋风格的基本框架似乎可以预测成年期的关系行为。例如,低回避和低焦虑的人是安全型,据说具有高自尊,并信任他人。他们拥有一种适应性的关系风格,很容易建立关系。不管一个人自身的依恋风格如何,能给人以安全依恋的个体都是最受欢迎的。

低回避和高焦虑的人是痴迷型。虽然他们很积极,也相信别人,但他们具有低自尊,并会反复思考自己的价值。他们倾向于以自我为中心,从外表而不是性格特征来思量自我价值。他们很"黏人",渴望被关注,以确认他们是被爱的。他们很容易坠入情网，或许经常爱错人，也最有可能被认为是不幸福的。

疏离回避型的人是高回避和低焦虑。他们具有高自尊，但对亲近感到不适。他们不能很好地解读别人的情绪，宁愿退出一段关系也不愿解决问题。他们是独立的，也可能私生活比较随便，会逢场作戏。最后，恐惧回避型的人是高焦虑和低回避。他们具有低自尊，不相信别人。研究还表明，这类人比其他人更容易识别愤怒和悲伤的面部表情。

一生的关系

是什么决定了浪漫的关系能否持久？当关系不能持久时又会发生什么？爱情早期阶段的特征是所谓的激情式爱情——对对方的关注和渴望，伴随着强烈的情感，还伴随着大脑化学物质的变化，特别是多巴胺分泌的增加。有趣的是，脑成像研究表明，当人们看到伴侣（而非朋友）的照片时，大脑中与奖赏和快乐相关的最古老的部分——尾状核区域的活动会增强。这支持了本章刚开始讨论的观点，即我们对人际关系的需求是植根于社会心理结构之中的。

随着关系的发展，激情式爱情逐渐被同伴式爱情所取代。同伴式爱情的特征是亲密的个人关系，和另一个人“在一起”的感觉，可以通过自我-他人重叠的概念进行实证测量。

研究表明，恋爱中的人会逐渐发现自己的身份和恋人的身份重叠。有研究对恋爱三个月或更长时间的伴侣进行了测试，要求每人说出九十个人格特征对自己和对伴侣的描述程度。然后，同样的九十个特征被随机呈现在电脑屏幕上。如果屏幕上的特征描述了他们的伴侣，就按“是”，如果不是，则按“否”。研究发现，如果被试自己也具有某个特征，那么在识别伴侣是否具有该特征时的反应要快得多。此外，恋爱关系越亲密，这种效应就越强。

这种方法和观点与内隐联想测试相似（见第四章）。说明人们开始“混淆”自己和伴侣的特征与特性了，这就像长期恋爱关系中的人们开始谈论：“我们喜欢这样……我们喜欢那样。”有趣的是，虽然在态度、兴趣等方面已经相似的人一开始更有可能走到一起，但随着时间的推移，他们似乎也会变得更加相似。事实上，一项对已婚夫妇长达二十一年的研究发现，随着时光流逝，夫妻变得越来越相似。

最后，随着时间推移，夫妻甚至会变得越来越像对方，这被认为是由于共同的饮食、情感体验、生活条件和生活方式所致。有项研究发现，与随机配对的对照组夫妇相比，被试评判在一起生活二十五年的已婚夫妇的照片更像彼此。

投资模型

随着关系在生命周期中的发展，可以依据鲁斯布尔特投资模型概述的三个标准来预测关系的寿命和成功与否。

第一个标准是高满意度。这是最明显的，人们必须从关系中获得积极价值。然而，当其他标准发挥作用时，满意度可能很低，承诺可能很高，与直觉可能相反。

第二个标准是投资。随着时光流逝，伴侣之间在情感、社交

（如共同的朋友）和经济上的投入越来越多。例如，他们可能会为了感情而牺牲自己的事业。这是一笔相当大的投资，能抵制关系的瓦解。回想一下在第三章对认知失调的讨论。避免认知失调是维系人际关系的一个方法。在投入了所有的时间和精力建立一段关系并共同生活之后，一想到要结束这段关系会令人产生不愉快的失调感，所以人们得出结论，自己一定还爱着伴侣。这也许就是为什么很多人即使在满意度很低的情况下仍然维持关系的原因——为了避免认知失调带来的更糟糕的消极感受。

第三个标准是替代者的低感知质量。不满意的伴侣可能认为他们将无法找到其他可供选择的替代者（或许因为缺乏自尊、缺乏感知吸引力或年龄原因），或者认为没有其他替代者（例如，在网络约会时代之前，人们可能只是认为自己不可能遇见其他人）。在这些情况下，即使一段关系的满意度很低，承诺也会保持很高的水平。伴侣可能认为目前的关系已经是他们能得到的最好的关系了，独居、失去朋友等可能会付出太高的代价。

保护成功的关系

在幸福、忠诚的关系中，人们也会采取策略来保护其关系免受替代性潜在伴侣的威胁。这些策略包括贬损有吸引力的替代者，并让伴侣失去接触这些替代者的机会，远离他们的吸引力。一项有趣的研究表明，人们自己也会无意识地排斥有威胁性的替代者，从而避免受到诱惑而离开一段忠诚的关系。研究发现，当被要求与有吸引力的异性交谈时，处于忠诚的异性关系中的人更少模仿有吸引力的互动对象（模仿是一种吸引力的非语言暗示）。此外，被试自我报告的与他们的恋人关系越亲密，这种效应就越明显（也就是说，真正亲密的关系几乎不会导致模仿）。男性和女性都表现出了这种效应，说明模仿是在向潜在伴侣发出感情可得（或不可得）信号的一种无意识方式。

后 记

本书是对社会心理学的一个简要介绍。透过本书，我们不仅了解了社会心理，也看到了我们的关系对态度、信仰和行为产生的深刻影响。社会心理学存在于我们的每一次互动、每一种态度、每一个行动之中。它告诉我们为什么我们喜欢一些人，却不喜欢另一些人；为什么我们自信、害怕、高兴和骄傲。它论及我们所面临的最重要的问题，从移民到经济再到环境，无所不包。

我们对物质世界的理解是深刻、详细、综合的。相较之下，对社会心理的内部运作，以及对社会世界原子间密切而复杂的互动方式的了解才刚刚起步。社会心理学在过去的一百年里已取得巨大的进步，但还有许多未知领域尚待探索。正因如此，它才成为21世纪最激动人心、最迷人、最令人兴奋的一项事业。

译名对照表

A

Actor-observer bias 行动者-观察者偏差
Adorno, T.W. 阿多诺
affiliation 从属关系
aggression 攻击
Allport, F.H. 奥尔波特
Allport, G.W. 奥尔波特
anxiety 焦虑
Asch, S.E. 阿希
Associative learning 联想学习
attachment 依恋
attitudes 态度
attraction 吸引力
attribution theory 归因理论
attributional bias 归因偏差
authoritarian personality 权威主义人格
availability heuristic 可得性启发式

B

Basking in reflected glory 沐浴在荣耀下
behavioural intention 行为意向
Bem, D.J. 贝姆
Berkowitz, L. 伯科维茨
Bowlby, J. 鲍尔比
Bystander apathy effect 旁观者冷漠效应

C

Cacioppo, J.T. 卡乔波
catharsis 宣泄
Cialdini, R.B. 恰尔迪尼
cognition 认知
cognitive dissonance 认知失调
cognitive miser 认知吝啬鬼
common in group identity model 共享内群体认同模型
companionate love 同伴式爱情
compliance 顺从
conformity 从众
contact hypothesis 接触假说
continuum model 连续体模型
conversion 皈依
co-variation model 协变模型
Cuddy, A. 卡迪

D

Darley, J. 达利
dehumanization 去人性化过程
deindividuation 去个体化过程
depersonalization 去个性化过程
diffusion of responsibility 责任扩散
divergent thinking 发散思维
dominance orientation 支配取向

dual process model 双重加工模型

E

elaboration-likelihood model 精细加工可能性模型
evaluation apprehension 评价忧虑
evolution 进化
exclusion 排斥
external attribution 外部归因

F

facial feedback 面部表情反馈
facial symmetry 面部匀称
facilitation 促进
false consensus effect 错误共识效应
Festinger, L. 费斯汀格
frustration-aggression hypothesis 挫折–攻击假说
fundamental attribution bias 基本归因偏差

G

groupthink 群体迷思

H

Heider, F. 海德
heuristic processing 启发式处理
heuristics 启发式
humour 幽默

I

identity theory 认同理论
illusory correlation 错觉相关
imagined contact 想象性接触
impact 影响
implicit association test 内隐联想测试
individuation 个体化
influence 影响
informational influence 信息影响
infrahumanization 低人性化
inhibition 抑制
intergroup bias 群际偏见
internal attribution 内部归因
investment model 投资模型

J

Jost, J. 约斯特

K

Kelly, H.H. 凯利

L

LaPierre, R. 拉皮埃尔
Latané, B. 拉塔内
leadership 领导力
LeBon, G. 勒庞
Lewin, K. 勒温
loafing 懈怠
looks-for-status exchange 外貌–地位交换
love 爱情

M

McDougall, W. 麦独孤
matching hypothesis 匹配假说
mere categorization 纯粹范畴化
mere exposure effect 纯粹接触效应
Milgram, S. 米尔格拉姆

minimal group paradigm 最简群体范式
minority influence 众从 / 少数人的影响
misattribution 错误归因
Moghaddam, F.M. 穆加达姆
mood 情绪
mortality 死亡
Moscovici, S. 莫斯科维奇
motivated tactician 有动机的战术家

N

naïve scientist 朴素科学家
norm of reciprocity 互惠准则
normative influence 规范影响
norms 规范

O

obedience 服从
ostracism 排斥

P

passionate love 激情式爱情
penetration theory 渗透理论
perceptual salience 感知显著性
persuasion 说服
Petty, R.E. 派蒂
prejudice 偏见
priming 启动
pro-social behaviour 亲社会行为

R

radicalization 激进化
realistic group conflict theory 现实群体冲突理论
recategorization 再范畴化
representativeness heuristic 代表性启发式
Rusbult, C. 鲁斯布尔特

S

schemas 图式
scripts 脚本
self-categorize 自我范畴化
self-esteem 自尊
self-perception theory 自我知觉理论
self-serving attribution 自利归因
Sherif, M. 谢里夫
Sidanius, J. 西达尼乌斯
social 社会
source credibility 信息的可靠度
Staats, A.W. 斯塔茨
Staats, C.K. 斯塔茨
Stanford prison experiment 斯坦福监狱实验
stereotypes 刻板印象
summer camp studies 夏令营研究
support 支持
system justification theory 系统正当性理论
systematic processing 系统加工

T

Tajfel, H. 泰弗尔
terror management theory 恐惧管理理论
terrorism 恐怖主义
Triplett, N. 特里普利特

Z

Zajonc, R.B. 扎荣茨
Zimbardo, P. 津巴多

扩展阅读

Chapter 1: All about us

Allport, F. H. (1924). Social psychology. Boston: Houghton Mifflin.

Le Bon, G. (1885/2002). The crowd: a study of the popular mind. New York: Dover Publications.

McDougall, W. (1908/2009). An introduction to social psychology. Charleston: BiblioLife.

Chapter 2: The social mind

Bargh, J. A., Chen, M., and Burrows, L. (1996). Automaticity of social behavior: Direct effects of trait construct and stereotype activation on action. Journal of Personality and Social Psychology, 71, 230–244.

Fiske, S. T. and Taylor, S. E. (1991). Social cognition (2nd edn.). New York: McGraw-Hill.

Heider, F. and Simmel, M. (1944). An experimental study of apparent behavior. American Journal of Psychology, 57, 243–259.

Jones, E. E. and Harris, V. A. (1967). The attribution of attitudes. Journal of Experimental Social Psychology, 3, 1–24.

Kelley, H. H. and Michela, J. L. (1980). Attribution theory and research. Annual Review of Psychology, 31, 457–501.

Storms, M. D. (1973). Videotape and the attribution process: Reversing actors' and observers' points of view. Journal of Personality and Social Psychology, 27, 165–175.

Tversky, A. and Kahneman, D. (1974). Judgement under uncertainty: Heuristics and biases. Science, 185, 1124–1131.

Chapter 3: Attitudes and influence

Asch, S. E. (1956). Opinions and social pressure. Scientific American, 193, 31–35.

Bem, D. J. (1967). Self-perception: An alternative interpretation of cognitive dissonance phenomena. Psychological Review, 74, 183–200.

Festinger, L. and Carlsmith, J. M. (1959). Cognitive consequences of forced compliance. Journal of Abnormal and Social Psychology, 58, 203–210.

Latané, B., Williams, K., and Harkins, S. (1979). Many hands make light work: The causes and consequences of social loafing. Journal of Personality and Social Psychology, 37, 822–832.

Moscovici, S., Lage, E., and Naffrechoux, M. (1969). Influence of a consistent minority on the responses of a majority in a color perception task. Sociometry, 32, 365–379.

Petty, R. E. and Cacioppo, J. T. (1986). The elaboration likelihood model of persuasion. In L. Berkowitz (ed.), Advances in experimental social psychology (Vol. 19, pp. 123–205). New York: Academic Press.

Sherif, M. (1935). A study of some social factors in perception. Archives of Psychology, 27, 187.

Staats, C. K. and Staats, A. W. (1958). Attitudes established by classical conditioning. Journal of Abnormal and Social Psychology, 57, 37–40.

Zajonc, R. B. (1968). Attitudinal effects of mere exposure. Journal of Personality and Social Psychology, 9, 1–27.

Chapter 4: Obedience, oppression, and aggression

Adorno, T. W., Frenkel-Brunswick, E., Levinson, D. J., and Stanford, R. N. (1950). The authoritarian personality. New York: Harper and Row.

Berkowitz, L. (1969). The frustration-aggression hypothesis revisited. In L. Berkowitz (ed.), Roots of aggression (pp. 1–28). New York: Atherton Press.

Dollard, J., Doob, L. W., Miller, N. E., Mowrer, O. H., and Sears, R. R. (1939). Frustration and aggression. New Haven, CT: Yale University Press.

Greenberg, J., Pyszczynski, T., and Solomon, S. (1986). The causes and consequences of self-esteem: A terror management theory. In R. Baumeister (ed.), Public self and private self (pp. 189–212). New York: Springer.

Greenwald, A. G., McGhee, D. E., and Schwartz, J. L. K. (1998). Measuring individual differences in implicit cognition: The implicit association test. Journal of Personality and Social Psychology, 74, 1464–1480.

Hamilton, D. L. and Gifford, R. K. (1976). Illusory correlation in interpersonal personal perception: A cognitive basis of stereotypic judgements. Journal of Experimental Social Psychology, 12, 392–407.

Hovland, C. I. and Sears, R. R. (1940). Minor studies in aggression: VI. Correlation of lynchings with economic indices. Journal of Psychology, 9, 301–310.

Milgram, S. (1963). Behavioral study of obedience. Journal of Abnormal and Social Psychology, 67, 371–378.

Moghaddam, F. M. (2005). The staircase to terrorism: A psychological exploration. American Psychologist, 60, 161–169.

Chapter 5: Intergroup relations

Allport, G. W. (1954). The nature of prejudice. Reading, MA: Addison-Wesley.

Cialdini, R. B., Borden, R. J., Thorne, A., Walker, M. R., Freeman, S., and Sloan, L. R. (1976). Basking in reflected glory: Three football field studies. Journal of Personality and Social Psychology, 34, 366–375.

Crisp, R. J. and Turner, R. N. (2009). Can imagined interactions produce positive perceptions? Reducing prejudice through simulated social contact. American Psychologist, 64, 231–340.

Gaertner, S. L., Mann, J. A., Murrell, A. J., and Dovidio, J. F. (1989). Reducing intergroup bias: The benefits of recategorization. Journal of Personality and Social Psychology, 57, 239–249.

Sherif, M., White, B. J., and Harvey, O. J. (1955). Status in experimentally produced groups. American Journal of Sociology, 60, 370–379.

Tajfel, H., Billig, M., Bundy, R., and Flament, C. (1971). Social categorization and intergroup behaviour. European Journal of Social Psychology, 1, 149–178.

Chapter 6: Love and other attractions

Bowlby, J. (1969). Attachment and loss (Vol. 1): Attachment. London: Hogarth Press.

Dutton, D. G. and Aron, A. P. (1974). Some evidence for heightened sexual attraction under conditions of high anxiety. Journal of Personality and Social Psychology, 28, 510–517.

Rusbult, C. E. (1983). A longitudinal test of the investment model: The development (and deterioration) of satisfaction and commitment in heterosexual involvements. Journal of Personality and Social Psychology, 45, 101–117.

Thornhill, R. and Gangestad, S. W. (1999). The scent of symmetry: A human pheromone that signals fitness? Evolution and Human Behavior, 20, 175–201.

Williams, K. D. and Jarvis, B. (2006). Cyberball: A program for use in research on interpersonal ostracism and acceptance. Behavior Research Methods, Instruments, and Computers, 38, 174–180.